中国中央电视台 编

CCTV.

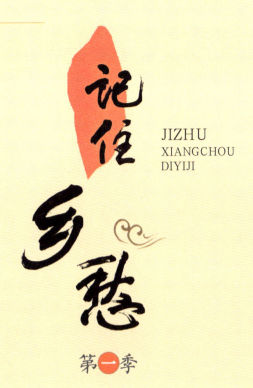

记住
乡愁

JIZHU
XIANGCHOU
DIYIJI

第一季

江西美术出版社
全国百佳出版单位

目录

CONTENTS

第一章 孝道有方——家族礼仪

「孝」，寄托了人世间最真挚朴素而又最高尚美丽的一种情感。东汉许慎的《说文解字》释「孝」：「善事父母者，从老省，从子，子承老也。」许慎以「孝」为会意字，认为父母在孩子小的时候，要细心呵护；等父母年老了，长大的子女又在下面承接背负，精心赡养。

「百善孝为先」，一切的善行都从「孝」养父母开始。因为父母是子女成长的基础，亦是教育的源泉和榜样。父母对子女的奉献，无私而伟大。孟郊的《游子吟》曰：「谁言寸草心，报得三春晖。」诚然，「孝」养父母须长怀孝敬之心，常行孝顺之行，才能不让人生留下遗憾和悲伤。

安徽省黄山市黟县

屏山村

孝道传家

　　乡愁，是一种心灵归宿和亲情寄托，是对家乡人事的深深眷恋和无限怀想。屏山村里的骑路牌坊遗迹，依然在向人们讲述着过往辉煌。

　　安徽省黟县屏山村，始建于唐朝末年，因村北有状如屏风的高山而得名。青山环抱中，一条九曲十八弯的溪流穿村而过。山孕水育，人文兴焉。走过沧桑岁月，200多座夹岸而建的明清古民居，见证了古村的文明。这里自古是舒氏家族的聚居地，他们是伏羲九世孙叔子的后裔，从安徽庐江南迁至此，建立村庄，繁衍生息。明清时期，造就了"八百烟灶，三千丁男，五里长街"的繁荣景象。

　　"老对少以教，少对老以孝"，这种传统在屏山村备受推崇。千百年来质朴的

光裕堂

民风一脉相传，人们事事谦和、处处礼让，连村中的建筑都浸染着这样的文化气息。"孝字牌坊"为明嘉靖皇帝下旨兴修，嘉奖舒门孝子舒善天。舒善天与母亲相依为命，高中探花却不赴任，只为能在家乡照顾年迈多病的母亲。明万历年间的进士舒荣都，曾官至湖广巡按使，在外为官期间，由于担心父母在村中无人照顾，便把自己的妻子留在了家中尽孝。舒荣都为官刚正不阿，多次上疏弹劾奸臣魏忠贤，被迫害致死。崇祯年间，奸臣被除，皇帝下旨为舒荣都建了"九檐门楼祠堂"。每天都从"孝字牌坊"下走过的舒氏后人，把"孝道"作为家规祖训写进了族谱，世代相传。

村民舒育玲的母亲已经92岁了，身体十分硬朗。在照顾母亲上，舒育玲十分用心，"孝道"已经渗透到了舒家生活的每一个细节当中。在舒家的饭桌上，有着严格的要求。家中的老人没有动筷之前，子女不能先吃；如果老人没有吃完，子女不能先放下碗筷离开餐桌。

36岁的舒志新是家中的独子，20年前和许多生活在农村的年轻人一样，他选择了外出闯荡，在上海一家餐厅做厨师。最多的时候，一个月有5000多元的收入。但在4年前，他却放弃了城里的工作，回到家乡创业和奉养父母。凭着自家拥有5亩茶园，舒志新在祖居"有庆堂"里开起了茶馆。最近几年，古朴秀美的屏山村吸引了越来越多的游客，尤其是许多学习美术的学生前来写生。作为村中保存最为完好的古民居之一，舒志新的小茶馆生意越来越红火。离开了繁华的都市，舒志新回归到安详、自在的生活，侍奉父母堂前，陪儿子快乐成长，日子轻松而惬意。屏山村像舒志新一样选择回家创业和奉养父母的不在少数，由于子女孝顺，这里的老人大多长寿，有过不少百岁老人。

屏山村地少人多，房屋密集，为在狭小的巷弄中间营造和谐的环境，先人们有着惊人的智慧。宅院的大门被设计成了内凹的"八"字门，不仅创造了一个宽大的空间，更体现了房屋主人"退一步天宽地阔"的胸怀。睦邻友善的环境，让村庄多了一份人与人之间的温情和坦诚。在这样浓郁的传统文化熏陶下，无论是生活在这个村庄的人们，还是离开村庄外出打拼的人，都显得那么和善、朴实。

屏山舒氏族谱

从屏山村走出的舒绣文，在电影《一江春水向东流》中成功地塑造了"抗战夫人"王丽珍的艺术形象，尽管只在屏山村生活了短短 6 年，孝文化却深深地影响着她的一生。舒兆元是舒绣文的儿子，虽然从小在北京长大，但屏山村对于他来说并不陌生，几十年来，他常常会回到故乡，替母亲收拾故居，祭奠先人。和大多数中国人一样，在舒兆元心中，"孝"的意涵广阔而深厚，即使父母故去，也要完成他们未竟的心愿。按照屏山的传统，父母逢九的生日格外隆重。虽然母亲早已离世，但 99 岁的冥诞，舒兆元十分重视。他特地把母亲的部分骨灰和生前的遗物带回了家。

树高千尺，落叶归根。回家，是所有漂泊在外的人永远的追求。一根根蜡烛、一片片花瓣，舒绣文的骨灰，融进了家乡的小溪，沿着吉阳溪水绕村而行——妈妈，回来了。这个延续了将近一个世纪的回家之路，她的孝子帮着实现了。

（本集编导：王海涛　周密　摄像：王晨光　郑磊）

湖南省湘西自治州泸溪县

岩门村

慈孝人添寿

　　"言百善，孝为先。昔先祖，康志仁，闻母疾，辞官回。古稀年，路蹒跚，母过溪，子背起。子孙孝，美名传"。一首质朴无华的歌谣，传唱着康氏一段"忠孝"佳话。在湖南大山深处的岩门村，事亲、尊亲、孝亲已成为了康氏后人的自觉行为。

　　湖南省泸溪县岩门村，是一个有着646年历史的古老村寨，它曾是西南的交通要道，军事驻防之地。村里现保留了54栋明清古建筑，其中最完整的是康家大院。康氏先祖移居岩门的故事，至今还在村里流传。孝子康廉为了让老父母生活满意，特意请了一位风水先生沿沅江小溪上寻风水宝地。至岩门，见古树参天，猿鸣鸟啼，清流环绕，宛如玉龙搅江，真乃风水宝地也。于是弃舟登岸，安家岩门。为了血脉绵延、家族兴旺，康廉定下了以孝安身立命的家规。道光年间，当地官员赠送了"寿考维祺"牌匾给康氏一位族人80寿诞以表祝福，同时也是褒奖康氏孝道家风。如今这块匾成为了岩门纯孝家风的历史见证。

　　辰河高腔是当地传统的戏曲剧种，是国家级非物质文化遗产，具有几百年的历史。岩门村每年都要用辰河高腔表演"目连戏"。目连戏的主题思想是"忠、孝、节、义"。相传目连的母亲吝啬贪婪，做了许多坏事，死后被打入阴曹地府，受尽酷刑的惩处。目连为了拯救地狱中的母亲而出家修行，得了神通，便来到地狱看望受苦的母亲。在侍奉母亲吃饭时，没想到饭菜还没到母亲口中，便化成火炭。目连见状，悲痛欲绝，便乞求佛陀慈悲为怀，救他母亲。佛陀告诉目连，他的母亲靠一个人的力量是无法拯救的，必须借助十方僧众之力方能救度。目连遵照佛陀的嘱咐，在农历七月十五日设盂兰盆会，请十方僧众超度母亲，终于使母亲脱离苦海，进入天堂。

　　"六月年"演《目连救母》戏，对于康氏子孙来说，则成为了祖先确定的规矩，传承至今不歇。"六月年"是祭祀性节日，源于三兄弟千里探母的故事。相传明朝时，湘西有三兄弟，个个武艺高强，被朝廷选用抗敌。在征战中，三兄弟屡立大功。得胜还朝之际，三兄弟接到一封家信得知家中老母身患重病。三兄弟焦急万分，请求皇上恩准回乡探望母亲。他们的孝心感动了皇上，皇上亲赐御酒一壶以示慰问。时值盛夏，天气炎热，为早日回家尽孝，三兄弟日夜兼程，不料身困体乏，感染了疟疾。他们并没有停歇治病，而是马不停蹄继续赶路，终于在老母离世前见上了最后一面。这一孝行，堪比目连，后人尊三兄弟为白帝天王。从岩门村走出去的人，在"六月年"这天，不管身在何处都要赶回来与父母团聚，祭祀白帝天王。

　　背母过溪的康志仁，是康氏先祖中"精忠纯孝"的典范。清乾隆年间，康志仁高中举人，在县衙为官。他公正廉明，为老百姓做了不少好事。后来，由于高堂双目失明，他便辞官还乡，专门在家伺候母亲，端茶送饭，40 年如一日。母亲喜欢回娘家，过溪要走跳岩桥，他担心颠着母亲，便涉水而过，无论严冬酷暑。乡亲们见他这样做，纷纷效仿。康志仁的孝行也感动了两

跳岩桥

个在外为官的弟弟，为对家乡父老尽份孝心，大弟弟就出资修了一座长 30 米、宽 2 米的木桥，结束了村民过跳岩桥的历史。二弟则修了个码头，从此人们洗衣洗菜都在这个码头上。

对于不孝子，康氏家族中有专门的惩戒，"倘有忤逆，从加答鞭"。在岩门村还流传着一个"和尚园"的故事。清朝康熙年间，有个叫康生其的，从小娇生惯养，10 岁时还要母亲喂饭，走短路要抱，走长路要背。过分的溺爱导致康生其性情暴躁，随心所欲。成年后，康生其游手好闲，经常心情不顺时就拿老母出气，打骂不断。族人实在是忍无可忍，将康生其押往宗族祠堂内一顿鞭打，并将他赶出了村子。他的母亲则由族人轮流供养。康生其在母亲死后终于醒悟，回到了村民们为他盖的房子中诵经念佛，忏悔劣行，祈福母亲，超度亡灵。

漫长历史的风霜雨雪，洗褪了康家大院的富丽堂皇，却洗不尽岩门村"精忠纯孝"传统，这从村中幸福洋溢的老人脸上，斑斑可见。

（本集编导：王彦林 摄像：山峰）

浙江省绍兴市诸暨市
斯宅村
百行孝为首

远离城市的喧闹与嘈杂，时光凝结在这古老山村里。斯宅村，古越文化的发祥地之一，山川秀美，地杰人灵。规模宏大的古建筑群，被青山绿水环绕，千百年，不曾褪色。"孝悌"文明，经历了祖祖辈辈的传承，走入现代，仍放光辉。

百家姓里没有"斯"姓，"斯"氏来源于一个孝义故事。三国时，东吴孙权手下有一名叫史伟的廷尉，他宅心仁厚，一次巡视监狱时，发现许多犯人的刑罚过重，便擅作主张，将犯人们释放了，此举受到了言官弹劾。孙权听后，勃然大怒，命人去将史伟处斩。史伟的两个儿子闻讯后，联名泣血上书，愿意替父去死。孙权感动于兄弟俩的孝义，赦免了史伟的死罪，但令其改姓为斯，并赐史伟幼子斯敦为"孝义郎"。此后，斯氏家族辗转迁徙，最终在诸暨的斯宅村定居下来。

在斯宅村，人们将建筑体量特别巨大的传统大院称为"台门"。村中逾200年历史的台门有10多栋，其中最著名的为千柱屋。整栋房屋约有1000根柱子，占地

6000多平方米，由10个四合院组成。雕梁画栋，门廊沟通，院落相连，这种建筑风格很能显示家族的发达和人丁繁盛。千柱屋又称"斯盛居"，台门正中"于斯为盛"的匾额寄托了主人希望家族繁盛的心愿。

为什么要修建如此巨大的住宅呢？它与斯宅村世代相传的重视孝道家风有关。

在斯宅村的"千柱屋"等老台门内，有许多精美的木雕、砖雕，装饰了花鸟动物，也有人物故事，二十四孝图是木雕门上最常见的题材。千柱屋里，有一块精美的砖雕《百马图》，上面雕刻的骏马姿态各异，形象生动。但仔细数数，却只有53匹马，旁边还留了几块空白。相传，当时有一个雕刻师傅，因母亲生病而告假回家照料，留下了未完的百马图。东家被他的孝义感动，执意不再另请高明将图补齐，而把这个故事传给子孙后代学习。居住在这些台门中，从小就对孝义故事耳濡目染，其实也用不着成文的条规来说教，日子久了，自然养成了孝敬父母、尊老爱幼的美德。

儿孙行善举，功德归祖先。斯宅村口的华国公别墅，是一座家庙、学塾混合院落，它为斯华国的儿孙所建。斯华国酷爱读书，一直想建家塾培育人才，但在有生之年未能如愿。为了完成他的这份心愿，儿孙们辛勤创业，筹集资金，终于建成了这所学塾。取名为"华国公别墅"，是为了纪念先祖倡建学校的功德。正是这种精神的激励，斯氏族裔斯孝坤不忘家乡，捐款百万为村里的斯民小学建了教学楼，还设立了奖学金。根据斯孝坤自己的要求，用父母的名字来命名这个奖学金，表达他对父母的怀念。其实，这种表达方式在斯宅村是很普遍的，譬如兴建学校，村里很多人都做了捐赠，功德本上的名字写的都是父母的。

82岁的浙江大学教授斯章梅是"千柱屋"建造者斯元儒的第六代重孙，每年回到家乡的老屋，他都要趁着天气晴好从箱子里取出历代祖先的画像来晾晒。这些画像历经数百年风雨离乱，是前辈族人冒着生命危险保存下来的。20世纪七八十年代，在浙江大学工作的斯章梅常常听到村中有子弟高考时因不知道如何填报志愿而没有考取理想的大学，乃至落榜的事。每年村里都有许多族人到杭州去找斯章梅咨询有关填报志愿的事宜。那个年代交通不便，从斯宅村到杭州要走一天半的路程，看到村里人为子弟求学辗转奔波，斯章梅想出了一个好办法。高考填志愿的时候，他就提前一天回到老家住下来，方便村民来找他咨询。就这样，20多年里，每年高考填报志愿的时候，他家的小院都会热闹非凡，村里的考生和家长来到这里，请斯章梅帮他们仔细规划一个个学子的前途和方向。近年来，斯章梅主持了重修斯氏族谱的工作，他希望在有生之年看到族谱编撰完成，以告慰祖先，让斯氏血脉依旧绵延繁盛。

　　因为对父母尊长的孝心，所以斯宅村子弟兄友弟恭，兄弟和睦令父母舒心，也使得家族凝聚力更强，造就了"千柱屋"建筑传奇、同堂盛况。而为了继承先人重教的遗志，让斯氏子孙绵延，家族兴盛，则促成了斯宅村学风绵延、崇文重教的优良传统。斯宅村人集体养老的模式对当下中国老龄社会面临的诸多问题给出了极具价值的借鉴。

（本集编导：王雅丽　摄像：袁军）

诏二百六十一公祠

浙江省杭州市桐庐县

荻浦村

百善孝为先

　　富春江畔，古村如画，荻草丛生，溪水长流。40余处明清时期的徽派古建筑，像一个个风韵犹存的老人，安详地守望着这一方水土。微风习习，吹拂着老屋角楼上的铃铛，发出清脆悦耳的声音，侧耳倾听，仿佛空气中有人在轻轻地诉说着荻浦村悠久的历史传统和丰厚的人文故事。

　　荻浦村位于浙江省杭州市桐庐县富春江南岸，至今已走过了风雨千年。全村现有16个村民小组，645户，2378人，以申屠姓氏为主。荻浦村民风淳朴，崇尚孝道，有口皆碑。"问渠那得清如许，为有源头活水来"，荻浦村的孝道传统要从一口千年古井说起。

　　范家井是荻浦村目前最古老的建筑，此地本叫范家村，范家井是村民的饮用水源。宋室南渡，申屠氏先祖申屠理入赘范家做女婿，受到了范姓人家的优待，后来逐渐发达。为报答恩情，申屠理一直将范家井视为父母井，并告诫子孙后代要饮水思源，不忘根本。明代中期，申屠氏族依靠丰富的水源自立作坊，生产草纸，很快走上了经商致富的道路。据《申屠氏宗谱》记载：道光年间，荻浦村的造纸业非常繁盛，"农隙则造纸者十居八九，夜以继日，灯火莹上，无间寒暑"。申屠氏家族兴旺之时，全村以范家井为中心建起了大小宅院200多幢。

　　每年申屠氏族都会举行行孝大典，将族中孝义典范写入家谱，申屠开基是大家

范家井

公认的表率。申屠开基关怀父母无微不至，冬天焐热被窝，夏天驱蚊纳凉。父亲重病，他不惜行走百余里的山路去求医问药。父亲患疽，医生都以为不治，他却毫无顾忌地以口吮之，将脓血一一舔尽，最后治好了父亲的病。申屠开基死后，他的事迹广为流传。乾隆三十五年，一份由荻浦村全村人联名写下的孝子事迹材料，历经16年层层核查，终于被呈递到了乾隆帝面前。注重以孝治国的乾隆帝被申屠开基孝行所打动，批准荻浦村兴建一座三间四柱五楼式的最高规格牌坊来表彰申屠开基。进出村口的人无不对荻浦村的孝风肃然起敬，文官到此落轿，武官到此下马，200多年间，孝子牌坊几经破坏，村民不遗余力多次修缮，孝子牌坊和孝子故居成为这里孝道文化的根脉。

养儿方知父辛苦，养女方知谢母恩。在狄蒲村，孝女携子建戏台的故事更是家喻户晓。明朝年间，申屠人家有一个大脚女儿名叫申屠妙玉，年轻守寡，因无力维持生活，最终投奔娘家，在这期间生下儿子姚夔。姚夔在母族亲人的养育下，读书，考取功名，官至礼部尚书。一方是母族的养育之恩，一方是君主的知遇之恩，这让姚夔陷入了两难的境地，在母亲的提议下，他开始重修申屠氏族的宗庙，并在中厅搭了一座戏台，姚母将戏台取名为保庆堂，每年都专门请戏班在这里演一出行孝的大戏。姚母的孝道教育一直影响着姚夔，他用一生的时间完美地诠释了孝的含义，真正做到了始于事亲、中于事君、终于立身。而姚母也因为以孝养子，孝敬母族，被封为一品诰命夫人，村民专门为传扬她的孝媳之风而制作了一尺二寸的姚母鞋，供奉在保庆堂，每到村里有婚嫁喜事，这双鞋就派上用场。

荻浦村每年农历的十月二十一日有一个敬老节。它本是祭

保庆堂木雕

姚母鞋

祀土神和谷神的节日，感谢神灵保佑五谷丰登，祈望来年风调
雨顺，后来逐渐演变成了敬老节。这一天，全村 70 岁以上的老
人都会不约而同地聚集在申屠氏宗祠里。"敬父母犹如敬天地"，
敬老节上，推杯换盏，各种形式的庆祝活动都围绕着老人展开，
村民也把这一天当成为家里老人贺寿的良辰吉日，邀请亲朋、
街坊四邻甚至是路人来闹寿，谁家人气越旺，代表谁家老人福
寿越长。这一天，儿女无论离家多远，都要赶回来过节。村民
们通过祭祀祖宗的形式来提醒自己要继承先祖的遗训：永言孝
思，终身行孝。

此时，保庆堂里上演的行孝大戏经典越剧《五女拜寿》已
近尾声，但句句孝亲的呼喊将永不消歇。它就如一双双传扬孝
媳之风的姚母鞋，一直伴随着荻浦村民度过冷暖春秋。

（本集编导：马洪军　摄像：王国强　李堂）

年画村

四川省德阳市绵竹市

世代尽孝

"人生百行孝为先，父母深恩大似天"，每逢节庆假日，绵竹年画村的湖边，总会响起泠泠咚咚的"劝孝说唱"声。村里80多岁的长者，一边敲打清脆的竹琴，一边讲述孝顺的故事。它就如一张永不褪色的"劝孝"年画，世世代代在年画村村民中传承。

年画村，地处四川盆地东北部，王、殷、徐、陈是村里大姓。1000多年前，先辈们依靠绘制年画

的手艺在这里繁衍生息。如今，制作年画已成为村民一门骄傲的谋生手艺。年画村崇尚孝德风习，同样也传承千年。"日行孝敬，德行天下"，是衡量年画村人人品德行的重要道德标准。

清嘉庆年间，年画村的李藩在外乡任训导，因父亲身患重病，便辞官回家尽孝。冬天，他每次都要亲自为父亲把被子暖好；夏天，他又先要把蚊子都赶出去才请父亲进帐睡觉，直到父亲熟睡以后才离开。后来父亲病重去世了，他又依照古礼，守墓三年，早晚都到墓前上香、献供品。他的孝行事迹深深地感动了乡邻。嘉庆皇帝获知此事后，下旨赐予李藩家乡一对石桅杆，表彰其孝敬之心。如今石桅杆已经成为年画村人心目中永远敬仰的孝道标杆。

每年农历的八月二十八日，村民都会自发地聚集到姜孝祠祭拜。姜家一门三孝，孝亲故事被收录于"二十四孝"中。姜诗母亲患眼疾，讲孝道的姜诗就背着母亲四处寻医治疗，不辞辛劳。他的妻子庞三春遭人诬陷，被婆婆赶出了家门，可她心无怨言，依然每天亲手做鱼汤孝顺婆婆。孩子安安为让母亲能吃饱饭，每天都从自己午饭中省下一把米，攒满一袋子后就送给母亲。"安安送米"还被改编成川剧，久久传唱不衰。42岁的徐世兰是姜孝祠里虔诚的香客之一，当地的孝德风尚已经深深植入她的内心。丈夫常年在外打工，繁忙的农活和照顾老人等重任，都靠她一个人操持。10年来，照顾偏瘫的公公和患有风湿病的婆婆，她和老人从未发生过争执和摩擦。公公大小便失禁，她就每天为公公换四五次干净的衣服。婆婆因风湿病关节常常疼痛，徐世兰每天都要给婆婆按摩来减轻她的痛苦。她用自己的行动，尽做儿媳妇的本分。

中国有句古训："父母所为，恭顺不逆。"陈云禄的父亲陈兴才是村中有名望的画师。年少好动的陈云禄，起初对年画丝毫没有兴趣，在父亲的劝说下，他顺应了父亲的期望，学习

绘制年画

绘制年画。父亲在传艺的过程中，严厉的近乎苛刻，每一道工序只教一遍。父亲还要求他每天必须完成100张年画的着色，不合格的绝不能超过3张。"父母命，行勿懒"，陈云禄在父亲言传身教下成长起来，逐渐理解了父亲的良苦用心，懂得了如何孝顺父亲。

年画村还传承着一个特殊的"孝亲节"。每逢正月初九，年画村子女都要给父母买上一双"孝亲鞋"，亲手为老人穿上，希冀家中老人能平平安安、舒心满意地走过一年又一年。"要长寿，吃羊肉。要健康，喝羊汤"，冬至的年画村，村民们都会很早起来，他们要为父母精心熬制一锅羊肉汤，这是村中延续了数百年的孝敬老人的习俗。

村民王永早年丧母，父亲一个人既当爹又当妈，为照顾王永的爷爷，他每天都起早贪黑，靠种菜来换鸡蛋，改善老人生活。

　　十几年如一日的坚持，父亲"日行孝敬"的德行深深地印在了儿女们心里。20世纪70年代，远在东北服役的王永得知父亲患上了胃病，在复员时主动放弃了留在城里工作的机会，毅然回家照顾年迈的父亲。如今已经67岁的他，每周到20里外的山上去打两次水，为的就是让父亲能喝上纯净的山泉水，这样细致周到的孝敬之举，他已经坚持了数年。

　　2008年汶川地震，虽然年画村也遭到了严重的破坏，但是在各级政府的帮助下，村民们重建了家园。在新建的年画村，吉祥的图案点缀在家家户户的墙上，融入村民们平凡的日子里。

　　尽管一些传统的建筑如今大多已不存在了，但是祖辈们对孝的推崇仍然珍藏在人们的心中，践行在人们的生活中，世代相沿，连绵不绝。

　　　　　　　　　　　　　　　（本集编导：姚昆　摄像：林毅）

墙上点缀着吉祥的年画图案

浙江省衢州市江山市
大陈村

孝德永彰

乡愁是一杯茶，它滋润着在外谋生者的心田；乡愁是一碗面，它温暖了异乡漂泊游子的胸怀。浙江省江山市大陈村，一碗飘香的鸡蛋面，连着300年的汪氏宗祠，也连着600多年的古村落，面条的背后讲述的是一个个"孝德永彰"的故事。

大陈村汪氏宗祠的祭祖仪式，与其他地方有所不同。主祭人首先将一大碗荷包鸡蛋面供奉到祖先的牌位前，这是由几百年前大陈村始迁祖汪普贤传承下来的，面条里卧着鸡蛋寓意"见面认子"，即子女是父母的脸面，告诫人们"百行孝为先"，要积德行善，一生不能做有辱于父母颜面的事情。

相传汪普贤年少丧母，父亲续弦，他感情上一时难以接受，便离开家乡去行医，来到大陈村，并在此地安家落户。"离家方知漂泊难，养子才晓父母恩"，离乡日久，乡愁渐浓，特别是生儿育女的艰难让他警醒，自己应该回家尽尽孝道了。当他回到阔别已久的家乡，却发现父亲已离世多年，只剩下年迈的继母在独守老宅，物是人非，他不禁潸然泪下。继母见他回来了，没有说任何责备的话，还给他做了一碗意蕴悠长的荷包鸡蛋面。汪普贤从小爱吃生母做的荷包鸡蛋面，每回他吃面时，母亲总会告诫他要积德行善、光宗耀祖。继母竟能记得他和生母间的这些简单的生活细节，出乎他的意料。尤其是继母勤俭持家、贤惠仁慈，备受乡邻敬仰，更让汪普贤感动

老宅

和自豪。汪普贤留了下来，为继母养老送终后才回大陈村，他还在大陈村的村口建起了一座寓意"母慈子孝"的凉亭来纪念母亲，取名"盼归亭"。历经百年的风风雨雨，"盼归亭"多次翻修，至今还矗立在那里，祈盼着亲人早日荣归故乡。

大陈村绵延至今的孝德故事，传承着中国传统文化由来已久的慈孝理念：父母的慈爱并不等同于哺育，还包含对子女的教育；而子女的孝德也不仅仅是对父母的赡养，更要有养父母之心、养父母之志、养父母之慧。大陈村的孝德家规深入人心，被广为传颂。近几年，汪氏宗祠前的宣传栏展示着投票评选出的孝德模范。其中就有一位"好婆婆"，是大陈中学退休教师柴祥根的养母汪招香。这位"好婆婆"今年92岁了，是大陈村

大陈面

汪氏第 20 代，她一直牢记父母传承的祖训：女人的孝德，就是一辈子要贤惠慈爱。她把柴祥根当作自己的亲生儿子来看待，后来丈夫病故了，她也不辞艰辛，继续供他上学，并叮嘱柴祥根一生要行孝始终，勤奋努力就是最好的孝德。知恩图报的柴祥根为了照顾母亲，毕业后选择回到大陈村当教师。

大陈村历代先祖不但尊孝事亲，还崇文兴教，在汪氏宗祠旁边建了文昌阁和汪氏学堂——一味书屋。汪氏家族历代捐资办学，优秀学子按照族规享受免费教育。600 多年间，汪家英才辈出，仅在家谱中记载的考中功名者就有 355 人。在汪氏宗祠的忠孝堂上，还供奉着 108 位明清至近代为国献身的大族裔。在中国传统文化中，保家卫国是"立身行道，以显父母"的大孝。

大陈村汪氏第 16 世孙汪乃恕称得上是"移孝作忠"的典范，民国政府还特别为汪乃恕颁发过一块"孝德永彰"牌匾以示褒奖。汪乃恕是民国初年富甲一方的衢州首富，他不仅在家尽孝，还仗义疏财、捐资兴教、造桥修路。江山去衢州的路、到常山的路、去江西玉山的路，基本上都是汪乃恕出钱修建的。后世子孙承传了他这一高贵品质，抗日战争时，衢州要修建飞机场，他儿子二话没说，把家里所有的田都贡献了出来。现在大陈村每年都要评好婆媳、好儿女，评选孝子贤孙，其目的也是弘扬孝德文化。

　　汪衍君，是远近闻名的"村歌书记"。他将始迁祖"母慈子孝"的大陈面故事创作成村歌——《妈妈的那碗大陈面》，入选"全国十佳村歌"。在他的影响下，江山市妇联的志愿者们，每年以网络报名等方式，发起了"陪着父母游大陈"的孝德之旅。大陈村民吃过飘香的荷包鸡蛋面、听过"孝德永彰"故事，不管未来去哪里、走多远，故乡永远都在心间。

（本集编导：李汾元　摄像：郭晓哲　刘博）

一味书屋

"孝德永彰"牌匾

广东省东莞市

南社村

孝敬有方

　　古树、水坊、祠堂、牌位，一辈一辈的血脉传承，都凝结在了这些颇有年头的古物上。先人的风采，家族的荣光，在上香祭拜的神圣一刻，穿越历史迷雾、岁月红尘，书写在了后辈子孙庄重端详的脸上。

　　南社村自古流传着"冬至大如年"的说法，每年冬至，祭祖仪式都会在东莞市茶山镇南社村最具规模的祠堂——谢氏大宗祠中举行。为了表达对先人的崇敬，谢氏族裔都会挑选上好的供品敬奉祖先。祭祀用的烧猪，要经过村民整整一年的精心饲养，往往重达三四百斤。他们每年都用这么沉甸甸的烧猪，寄托对祖先深厚的敬意。

祭祀供品

百岁坊

南社村始建于宋代,谢氏祖先谢尚仁从浙江迁居此地。明
朝中期,谢氏族群逐渐人丁兴旺。如今逾7000人的村庄中,
谢姓为主要姓氏。谢氏祖先定居南社以后,非常重视对子女的
教育,几百年间,南社村先后出了11位进士和举人、29位秀
才和将军。谢氏后人铭记祖先的艰辛与伟大,将尊祖敬宗作为
祖训写入了族谱,并且规定家族须为先人建立宗庙祠堂,供后
人世代祭祀。1555年,谢氏族人修建了谢氏总宗祠,之后各分
支宗祠也不断兴建。这样一个小小的村庄,最鼎盛时竟同时出
现了34座祠堂。百岁祠、百岁坊、百岁翁祠和百岁塘等,都记
录着南社人对先人与长者的尊崇。

南社村的老人在日常生活中各个方面都受到很好的照料,

长寿的老人比比皆是。谢成运老人今年 83 岁了，他每天都会到祠堂祭拜祖先。在这里，还立着一块特殊的牌位，它竟然属于谢成运老人本人。这种为活人立牌位的现象，在历史上极为罕见，这要从 20 世纪 80 年代末说起。当时，南社人的生活日渐起色，一些谢氏族人怀念先贤，提出对村中年久失修的祠堂进行修缮。由于南社村祠堂众多，修缮事宜难分先后主次，为了能够同时对所有祠堂进行修缮，村中的谢氏族人纷纷主动捐款。南社村村民为表示对族人积极修缮祠堂的肯定，决定凡是对重修祠堂做出重大贡献，或一直以来对村中长者孝敬有加的族人，可以将他们长辈的牌位请进祠堂。按照传统，能将牌位摆放在祠堂的神龛之上，是一件非常荣耀的事。这样的方式不但修缮了祠堂，同时为父母设立牌位，也能表达对长辈的孝心，一举两得，于是越来越多的村民纷纷效仿。考虑到老人的寿命越来越长，同时也希望老人能够在有生之年感受到子孙为他们带来的荣耀，南社村有了古往今来鲜有的为健在长辈提前设立牌位的现象。

南社村人相信，"唯孝不可等待"。村里有办千叟宴的传统。据《南社谢氏族谱》记载，1908 年，南社村突遭瘟疫，上百村民因病去世。村里请来道士做起斋醮，也就是道场。村民斋戒沐浴，吃素食，祈福消灾。后来这样的活动每年都会举办，其中吃素斋演变成专门敬奉老人的千叟宴。为了支持尊祖敬老活动，村民谢进球不但一次捐款近十万元，还全身心投入筹备之中，主动发起了孝敬村中老人的活动，在活动期间免费向村中所有老人提供一日三餐的素食。除了义务为敬老活动出力，谢进球平时还根据村中老人喜爱摄影和字画的兴趣爱好，收集他们的作品，举办各种展览。作为南社村新一代的年轻人，谢进球以新的方式诠释着尊祖敬老的祖训。

谢芦登老人和老伴今年都已经 90 岁高龄，20 多年前，夫

南社村俯瞰图

妻二人移居美国。在美国生活的日子，两位老人一直挂念着家
乡。为了消解对故乡的思念之情，谢芦登在美国手抄了一本谢
氏族谱，从南社谢氏第一代始祖，一直收录到了自己的孙辈。
对每一代的总结和抄录，让他对祖先的追思之情日益深厚。族
谱抄完之际，他做出一个重要的决定，即与老伴一起回到南社
村，住在距离家族祠堂很近的民居中生活。现在，他还会时不
时地拿出自己精心抄录的族谱翻看，总觉得先祖的荣光看不够。

　　百岁斋、千叟宴、派发红包、书画颂"孝"、梨园唱"孝"、
祭坛祈福、斋醮巡游……也许南社村村民并非个个熟知"老吾
老以及人之老"的古语，但他们却用一次又一次的实际行动诠
释着对祖先和长者的孝敬。

　　　　　　　　　　　　　　　（本集编导：徐丹丹　摄像：王国强）

浙江省宁波市宁海县

前童村

以孝为本家业兴

　　山明水秀，粉墙黛瓦，小桥流水，画栋人家……前童古村尽显江南水乡的美丽风华。它曾吸引了电影《理发师》的目光，亦引来了画家陈逸飞的驻足。透过氤氲弥漫的历史气雾，孝义兴家的前童文化打开了我们的心窗。

　　前童村位于浙江省宁海县，始建于南宋末年。官居迪功郎的始迁祖童潢，在一次游历中偶然发现这块"山环水绕、围而不塞、藏风得水"的"风水宝地"，于是举家从台州的黄岩迁徙到此，因居住在慧明寺前得名前童。前童人"以孝治家"，历800年，终繁衍成中国童姓最大的聚居地。

宁海靠近东海，经常受台风肆虐。前童村东有塔山、西有鹿山，正好挡住了台风。两座山如伟岸的父亲和慈祥的母亲一般庇护着前童，故塔山又被称为"父亲山"，鹿山被称为"母亲山"。每逢初一、十五，前童人在山顶焚香祈福，并规定只可添土，不可破坏。

前童有一栋古建筑"泽思居"。二十四孝故事被完整雕刻在房檐，教育后世子孙不忘孝道。门楣上"职思其居"四个大字，寓意不论做多大的官，都不能忘记家乡。在《宁海塔山童氏谱志》中，单单记载女性"孝"的故事就有80余篇。祖训、家训中关于"孝"的内容也占了大量篇幅。如蓴亭府君家训言是"人之修心以孝悌为先，持家以勤俭为本"；则堂公家训是"以孝友训家，以正学之学为学"；作霖公十嘱里面第一条明确"一嘱吾儿，父母不可不孝也"。

前童先祖重孝还体现在"永慕堂"上，它旌表的却是外族人万石君家。汉朝的万石奋和四个儿子均因孝悌忠良而官至两千石，父子五人共一万石，所以万石奋被称为"万石君"。建"永慕堂"，就是要族人永远仰慕万石君家"孝"的家风。

永慕堂

前童村村口的"着衣亭"也时刻提醒着每一位在外做官的前童子孙，要常回家尽孝，并且不能在父老乡亲面前显露尊贵。为何要取名为"着衣亭"呢？相传在康熙年间，在外面当官的人们都是骑着马抬着轿子回家，然而无论是谁，走到村口时都会下轿下马把官衣官帽脱了，再换上朴素的布衣，从村口走回家孝顺父母。

前童有三宝：老豆腐、空心豆腐、香干。这些特色小吃，也满载着前童人的一片孝心。老豆腐鲜嫩软滑、空心豆腐外酥里嫩、香干香滑细韧，搭配着浓香可口的豆浆一道吃，牙齿不好的老人，也可以享受到既营养又健康的美味。

前童素有"五匠之乡"的美誉，手工业非常发达，前童的工匠有铜匠、木匠、漆匠、裁缝匠、石匠等。清光绪年间的前童人在宁波、上海等地开设成衣作坊的有百余人，民国时开设的裁缝铺有300余家，有"300把剪刀"之称。数百年的岁月里，"孝师"一直作为各行业严格遵守的行规代代延续下来。童为常的木雕在前童村里外很有名，他的师父童帝寿是宁波市鼓亭台阁非物质文化遗产传承人，绘画、木雕皆佳。师父不仅教会他手艺，重要的是教会了他如何做人。因为手艺好，童为常经常被请到外地去做工。每次回来，刚一放下行李，他就去村口的小卖部买东西看望师父。尽管童为常早已出师自立门户，但他对师父的尊敬和孝顺始终如一，践行着"一日为师，终身为父"的古训。

93岁的童月梅老人年轻时曾是远近闻名的美女，来家里提亲的人踏破了门槛，然而就在她待嫁期间，父亲和哥哥相继去世。她坚强地挑起家庭的重担，照顾重病的母亲、伯母和腿伤的弟弟，撑起了整个家庭。在童月梅看来，这就是她的责任，所以她一直留在家里，一生未嫁，无子无女。因为对父母、家庭的"孝"奉献一生，童月梅的孝行深深影响着侄子、侄女们，他们也继承了童月梅的贤孝品德，长大后用自己的孝回报姑妈。

　　"孝"是一种历史的记载，是一种文明的延续，更是一种精神的传承。当和煦阳光再一次遍洒这江南古村，前童犹如一幅气韵生动的水墨画，孝义精神赋予了画作永不消散的生命和意境。

（本集编导：韩玲　摄像：李博闻　杨少博）

前童香干

名家品读

中华长寿之秘密

郭文斌

在给百集大型纪录片《记住乡愁》做文字统筹的过程中，我十分强烈地感受到，中华文明之所以成为世界上唯一一个没有中断的文明，和中华民族对孝道的格外重视密切相关。透过历史的重峦叠嶂，我甚至能够感觉到，国家是把它作为第一生产力来培植的。几千年来，一直紧紧盯着这一道德的 GDP，进行顶层设计，主体建设。无论时光如何流逝，朝代如何更替，这一方向始终未变。关于这一点，《记住乡愁》为我们提供了有力的证据。

安徽屏山村的舒善天高中探花却不赴任，只为能在家乡照顾年迈多病的母亲，明嘉靖皇帝下旨兴修"孝字牌坊"，以示嘉奖。

浙江斯宅村的史伟，在孙权手下任廷尉，一次巡视监狱时，发现许多犯人的刑罚过重，就将他们释放了。此举受到了言官弹劾。孙权听后，勃然大怒，降下死罪。史伟的两个儿子闻讯，联名泣血上书，愿意替父赴死。孙权感动于兄弟俩的孝义，不但赦免了史伟的死罪，还赐史伟幼子为"孝义郎"。

浙江荻浦村的申屠开基关怀父母无微不至，冬天焐热被窝，夏天驱蚊纳凉。父亲重病，他远涉百里，求医问药。父亲患疽，医生都以为不治，他以口吮之，将脓血一一舔尽，最终治好了父亲的病。申屠开基死后，他的事迹广为流传。乾隆三十五年，一份由荻浦全村人联名书写的孝子事迹，历经 16 年层层核查，最终到了乾隆帝面前。乾隆深为感动，批准荻浦村修建一座三间四柱五楼式的牌坊来表彰申屠开基，这在当时为最高规格了。同样让人感动的是，200 多年间，每逢孝子牌坊损坏，村民都会不遗余力地修缮。

四川年画村的李藩，在外乡任训导，父亲身患重病后，便辞官回家尽孝。冬日，他每天都要亲自为父亲把被子暖好；夏时，他要把蚊子赶尽才请父亲进帐睡觉，并且要等到父亲熟睡以后才离开。父亲去世后，他又依照古礼，守墓三年，早晚到墓前上香献供。嘉庆皇帝获知此事后，赐一对石桅杆，以示表彰。

浙江大陈村的汪乃恕不仅孝顺，还仗义疏财、捐资兴教、造桥修路，成为"移孝作忠"的典范，民国政府颁发"孝德永彰"牌匾以示褒奖。

现在看来，这些牌坊、桅杆、牌匾，已经不是一些物件，而是一个个钉铆，打在中华民族这艘巨轮的关键之处，让它顺利航行在充满风雨的历史长河中。

国家如此，作为国家细胞的家族更是如此。族谱、祠堂、公共建筑，这些永久性载体，让孝道成为空间主题，成为生存语法，也成为生活修辞。

在南社村，谢氏后人将尊祖敬宗作为祖训写入了族谱，规定家族须为先人建立宗庙祠堂，供后人世代祭祀。这样一个小小的村庄，鼎盛时竟同时出现了34座祠堂。百岁祠、百岁坊、百岁塘，比比皆是。

浙江前童村有一栋古建筑"泽思居"，"二十四孝"故事被完整雕刻在房檐，门楣上"职思其居"四个大字告诉人们，为官不能忘记故乡。村口的"着衣亭"则提醒每一位在外做官的前童子孙，无论官有多大，都不能在父老乡亲面前显露，到了村口，文要下轿，武要下马，脱下官衣官帽，换上布衣，步行回家。尤其让人感动的是，前童先祖不但为本族孝行树碑立传，还修"永慕堂"旌表外族典型。汉朝的万石奋和四个儿子均因孝悌忠良官至两千石，万石奋因之被称为"万石君"。为此，前童先祖建"永慕堂"以示敬仰。

在斯宅村著名的"千柱屋"里，有一块精美的砖雕《百马图》，上面的骏马姿态各异，形象生动。但仔细数数，却只有53匹，再看，旁边留有空白。相传雕刻师傅雕到53匹马时，母亲病了，他忙向东家告假，回家照料，比雕马还用心。东家被他的孝义感动，执意不再另请高明将图补齐，借此启发人们的孝心。

为了让孝风成为气候，人们还把孝道镶嵌进岁月，变成节日，化为风俗，作为主流传媒的核心内容。

在湖南岩门村，按照康氏祖先成规，每年农历六月都要演"目连戏"。相传目连的母亲贪啬贪婪，死后被打入阴曹地府，受尽酷刑。为了救母，目连出家修行，

得了神通，来到地狱。在侍奉母亲吃饭时，没想到饭菜还没到母亲口中，便化成火炭。目连见状，悲痛欲绝，乞求佛陀慈悲为怀，救他母亲。佛陀告诉他，靠一个人的力量是无法拯救的，必须借助十方僧众之力。目连便在农历七月十五日设盂兰盆会，请十方僧众超度母亲，终于使母亲脱离苦海，进入天堂。

看着目连戏长大成人的康志仁，于清乾隆年间高中举人，在县衙为官，公正廉明，为老百姓做了不少好事。后来，由于高堂双目失明，便辞官还乡，专门在家伺候，40年如一日。母亲喜欢回娘家，过溪要走跳岩桥，他担心颠着母亲，便涉水而过，即便是三九寒天。康志仁的孝行感动了两个在外为官的弟弟，出资修了一座木桥和码头，结束了过溪要跃跳岩桥的历史。

在年画村，每年农历八月二十八日，村民都会聚集到姜孝祠祭拜，温习着姜家一门三孝的感人故事。母亲患了眼疾，姜诗背着母亲四处寻医治疗，不辞辛劳。妻子庞三春遭人诬陷，被婆婆赶出家门，可她毫无怨言，依然每天亲手做鱼汤孝顺婆婆。孩子安安每天从自己午饭中省下一把米，攒满一袋子后给母亲送去。

42岁的徐世兰是姜孝祠里虔诚的香客之一。丈夫常年在外打工，繁忙的农活和照顾老人等重任，都靠她一个人操持。10年来甘心情愿地照顾偏瘫的公公和患有风湿病的婆婆。公公大小便失禁，她每天要给换四五次衣服。婆婆因风湿病关节常常疼痛，她每天给按摩来减轻痛苦。

在年画村，有一个特殊的"孝亲节"。每逢正月初九，子女们都要给父母买上一双"孝亲鞋"，亲手为老人穿上。

大陈村的"村歌书记"汪衍君，将始迁祖"母慈子孝"的故事创作成村歌传唱。在他的影响下，江山市妇联的志愿者们，每年以网络报名等方式，发起了"陪着父母游大陈"的孝德之旅。

值得注意的是，不少村子的敬老节日和活动居然是由祭祀祈福仪式演变而来，体现了古人孝敬父母如敬天的思想。

比如获浦村每年农历十月二十一日举行的敬老节，就是由祭祀土神和谷神的节日演变而来。这一天，儿女无论离家多远，都要赶回家过节，以继承先祖的遗训"永言孝思，终身行孝"。

广东南社村的千叟宴则来自斋醮仪式。据载，1908年，南社村突遭瘟疫，上百村民因病去世，村里请来道士做起斋醮，祈福消灾，要求村民集体斋戒沐浴。后来年年举办，其中吃素斋渐渐演变成专门敬奉老人的千叟宴。为此，村民谢进球不但一次捐款近十万元，还全身心投入筹备之中，免费向村中所有老人提供一日三餐的素食。

为了激励孝行，在南社村，居然风行为活人立牌位。20世纪80年代末，南社人的生活日见起色，一些谢氏族人提出对村中年久失修的祠堂进行修缮，并提出凡是对重修祠堂做出重大贡献，或一直以来对村中长者孝敬有加的族人，可以将他们长辈的牌位请进祠堂，得到大家响应。既加速了募集资金的速度，又安慰了老人。这让我们思考，灵魂安妥机制对于生命的重要，对于传家的重要，也让我们理解，古人为什么要把养父母之慧作为养父母之身、之心、之志之上的一个境界。

如果从大孝的角度来看，《记住乡愁》第一季60集都可归于孝道题下，而这60集挖掘出来的，正是大地上的生机，生机让人长寿，人寿则家寿，家寿则族寿，族寿则国寿，国寿则文寿，而第一季所有节目的共同点正是山清水秀人寿族旺。而要人寿族旺，就要修仁德，因为"仁者寿"。而仁的基础，则是孝。如此，说重视孝道是中华民族长寿的原因，大概不会有人反对。

第二章 以和为贵——相处之道

「和」是中国文化的重要内容。它包括人与人之和、人与社会之和、人与宇宙自然之和。中国古人较早就懂得「和实生物，同则不继」「礼节民心，乐和民声」的道理，追求「和为贵」「和光同尘」「中和为美」。「家和万事兴」，「和」在「修齐治平」之中，是「齐家」的重要标尺和理想信念。和睦相处，「家」才是遮风避雨的温煦港湾。睦邻友好，「家乡」才能成为天下游子魂牵梦萦的心灵坐标。

江苏省苏州市吴中区

明月湾村

讲和修睦

晓景澹无际，孤舟恣回环。试问最幽处，号为明月湾。坐落在太湖之畔的明月湾村，自古以来因青山环抱、绿树掩映、景美月幽而著名。

南宋时期，为避战乱，大批北方移民随宋高宗南渡，邓、秦、黄、吴四大家族先祖来到了这个湖山阻隔、兵火难及的西山岛上居住，地处西山岛腹地的明月湾村民千百年来一直悠然世外，隐逸超脱。尽管姓氏不同，但村里从未发生过争斗。民风淳朴、乡邻和睦，让人生羡。

"守夜"，是明月湾人独有的地方习俗。村里不管哪家有人去世，除了亲朋好友，其他每家每户都要派一个人前去守夜，帮忙料理后事，如果哪家没有派人，就会遭到族人的鄙视，以后再遇到事情时，全村人都不会去给这家帮忙。"不独亲其亲，

古码头

不独子其子""老吾老以及人之老，幼吾幼以及人之幼"的社会伦理法则，使得明月湾的四大家族亲如一家。

明月湾古村自从建村以来，一直把"人和"作为一种最基本的价值尺度规范村中的每一个人，"喝讲茶"，是明月湾人坚守的地方规矩。喝茶能使人静下心来，如果有了家族纠纷，明月湾人一般会请村里德高望重的长辈，在村里找个地方喝茶，一方喝红茶，一方喝绿茶，大家坐下来谈谈，讲讲道理，然后由长辈公议、评理、调解，达成一致了，大家就握手言和，两种茶调和在一起，大家一起喝。"喝讲茶"，议是非、判曲直、调解纠纷、息事宁人，往往能胜过官府判决，具有很强的威慑力。

"明月湾的石板街，雨后可以穿绣鞋。"石板街修筑于清朝的乾隆年间，总长1200多米，共用4560余块金山条石铺就，街道下面有一条一米多深的排水沟，下过雨之后，因为石头跟石头之间有缝隙，雨水很快就能从排水道排走。这条街是四大家族齐心协力规划建设的。相传，明月湾历史上曾暴发过一次特大山洪，从潜龙岭上下来的汹涌洪水冲毁了山脚下的民房，而且还冲走了几个在村里玩耍的孩子，于是四大家族族长紧急议事，决定开沟排水，消除山洪隐患。重修街道，需要很多钱，于是村民约定只要是明月湾村的人出去做生意，要自觉地把每一笔生意利润的5%捐出来为家乡修路。如今，石板街虽历经几百年的风雨磨砺，但它依然发挥着防洪排涝的功能。不仅是石板街，在古村的入口处还有一座古码头，修建于清乾隆二十一年，是太湖大桥通车前明月湾与外界沟通的重要水上通道。古码头由村中的四大家族共同出资修筑，费了258块花岗岩条石。如今它和村中的石板街一样，成了四大家族和睦融洽、肝胆相照的历史见证。

　　"明月湾，湖滨众家地，树木归公公议"，"凡有树之地，不得稍为砍除"。明月湾人一直恪守祖先遗训，珍惜树木，保护水质，爱护家园。明月湾村口的一棵香樟树已有1200年，相传为唐代著名诗人刘长卿到明月湾访友时所植。古往今来，明月湾人对这棵古树关爱备至，呵护有加。古树历经风雨雷电

古香樟树

夕阳下的孤帆远影

洗礼，依然枝繁叶茂。古树根部有一道深深的锯痕，这是明月湾人爱树如命的历史见证。1939 年，日本侵略者窜到西山岛到处砍树当作战备物资，西山恶霸秦磐石带人来到明月湾村要砍伐这棵古樟树，全村男女老少齐聚古樟树下保护古树，有的老人甚至跪地求情，最后村民凑钱才使得土匪停止锯树，留下的这道锯痕一直都在。1940 年，又一伙土匪知道明月湾人爱树如命，便窜来以砍伐古树为名索要钱财，遭到全体村民群起反对。土匪见一时难以得逞，就趁人不备，把当时年仅 8 岁的黄林法绑架到了浙江，一个多月后村民才用 120 石大米从绑匪的手里将他赎回。古树已成了祖辈的记忆、先人的图腾。明月湾人懂得，守住古树，守住古村恬淡和睦的生活，就是守护一份思念，守护一份游子心中的乡愁。

漫步古村，或品读古屋的江南风韵，或感受太湖的端庄秀气，或远眺夕阳下的孤帆远影，或近听太湖畔的渔舟唱晚，人们感受到的不仅仅是村民娴静清幽、和谐共生的山村生活，更有古村"人与自然"之间的融洽关系。

（本集编导：朱军 摄像：阮健 任红光）

查干哈达村
辽宁省阜新市阜新自治县
远亲不如近邻

雨后新晴，天空格外晴朗。风吹草低，人淡如菊。查干哈达村的语言是清风，是飞鸟，是流水，是炊烟，是田园的短笛，是悠闲的云朵。

查干哈达村是蒙古族聚居村落，处处洋溢着宁静祥和的气息。3公里外，坐落着一座雄伟壮观的瑞应寺，它始建于 1669 年。由于修建工程庞大，工匠中的赵氏、王氏、包氏三个家族 14 户人家，被一世活佛恩准在此地落户，以方便寺庙的修缮。斗转星移，后来陆续有 20 个姓氏家族迁至此地，形成了现在的查干哈达村。"有名喇嘛三千六，无名喇嘛赛牛毛"形容的是瑞应寺最鼎盛的时期，那时候在查干哈达村，几乎家家都有人在瑞应寺出家为僧。以"孝"为首，敬老爱老被查干哈达村人当作了家庭和睦的基石。查干哈达村有许多四世同堂的家庭，奉养老人是村民几百年来秉承的美德之一。同时，敬老爱老不仅体现在对自己的家人上，甚至瑞应寺中无依无靠的老喇嘛，他们也会像亲人一样尽心奉养。

"邻里和睦，团结互助"是查干哈达村人繁衍生息的根基。自新中国成立以来，村中没有发生过一起刑事案件，没有一户人家离婚。这与村中传承了 206 年的"睦邻节"有莫大的关联。"睦邻节"在蒙语中叫"惠音巴雅尔"。1808 年，查干哈达村里不少新生儿染上了天花，病毒迅速在村落里蔓延。为了控制疫病，全村人团结在一起，互相帮助，互相照顾，和睦与爱意，在"不独亲其亲，不独子其子"的村

落中迸发出了巨大力量，终于控制住了天花。此后，人们将每年的农历十月十五日确定为"睦邻节"。

"斗殴不兴、邻里襄助"是几百年来查干哈达村人秉承的一种美德。每年睦邻节将至时，有过矛盾的邻里会主动去找对方化解矛盾，互相道歉。他们以睦邻节当天为最后的时间节点，赠送哈达。蒙古族人崇拜"天神"，哈达也以蓝色为尊，蓝色的哈达象征着永恒、坚贞和忠诚。如果对方接过哈达，就是接受了道歉，主人家会把对方留下，以酒招待。老人会是查干哈达村协调各种关系的重要机构，他们时刻关注着每家每户的情况，及时化解各种矛盾。老人会的负责人白宝山曾苦口婆心地劝和了村民齐秀珍夫妻俩，使得他们破镜重圆。后来齐秀珍夫妻俩也真正懂得了家和万事兴的道理，每年贴对联的时候，他们都把夫妻和睦作为家训中最重要的一条，贴在自家的门上。

村中白色的莲花塔中供奉着查干哈达全村 23 个姓氏的祖先牌位，睦邻节上，村民要祭拜祖先，告诫后世子孙，查干哈达人虽不同姓同宗，却和如一家。他们还要共同诵念《妙法莲华经》，祈求祖先保佑村民健康平安。"一家有事百家帮"，安

莲花塔

安代表演

代是睦邻节上必不可少的表演项目，全村人同唱一首歌，同跳一支舞。安代曾是蒙古勒津部落用来治疗心理疾病的一种神秘舞蹈，如今演化成全民健身的舞蹈。睦邻节上，全村人还会把准备好的食材，一起撒入大锅中，与大米羊肉一起煮成"圣粥"。"落一屯不落一人"，"圣粥"每人都能分得一份。它凝聚了全村人的力量，也汇聚了全村人的祝福。查干哈达人还将这种"互敬互帮"的精神，带到了自己的工作和学习中，助推了事业成长。当地还有着一种非常奇特的蒙古族馅饼，它已经传承了300多年。每当亲人从外地回到家乡，第一顿饭，家里的老人们都要精心烙制这种馅饼，寓意和睦团圆。查干哈达人乐于与人分享，烙出的第一锅馅饼，晚辈们一般不会先吃，而是端着送给年纪最大的亲人，等长辈亲人尝过后才吃。

"睦邻"文化的核心是睦。睦者，高看对方，低看自己，相敬互谦，它体现为查干哈达人敬老爱幼、悔过迁善、知恩报恩、舍小为大的精神。"邻里相亲，守望相助，互动和谐"的理念一直传承，它宛如一盏明灯，为山村驱走了黑暗和寒冷，照亮了游子归乡的梦。

（本集编导：田雯雯　摄像：王国强）

湖南省永州市零陵区

涧岩头村

和合湘乡

　　古村静谧，万家灯火，照亮着此去经年。400多年前，当第一户周姓人家迁居湖南永州市涧岩头村，就立下了"暖寿"规矩，子女后代要给年长的老人在寿日置办一套新衣新鞋，为百年之后入殓所穿。这一天，还要讨论如何分配家产。几百年来，这一规矩保证了整个村庄氏族繁衍生息，和谐稳定，村里很少发生老人死后子女争财产的纠纷和矛盾。

　　涧岩头村绝大多数为周姓人家，又称为"周家大院"。"和睦相处、同心同德"一直是周氏的共同追求，他们的祖先在村落选址之时，就把"天人合一"当作最重要的标准。周家大院东面是凤凰山，南面为巨齿岭，西面是青石岭，北面是晋水和贤水。周家大院的始迁祖传法宋代理学宗师周敦颐的风水理念，追求依山傍水，天人合一，与大自然和谐相处。

周家大院

　　周家大院所有院落的横屋都以正屋为核心，开口都朝向正屋。因为正屋居住的是家族辈分最高的祖辈。院落中共有正、横屋 180 余栋，大小房屋 2000 多间，布局严谨，排列整齐，顾盼有情，显中和之美。周家大院里处处可见莲花装饰图案，亦为纪念先祖。他们还把"以和为贵"的家训变换成生动奇妙的图案，镌刻在周家大院的地坪之上。这些精美的图案，内涵丰富。一幅蜜蜂组合图案，看上去很生动漂亮，用了两种鹅卵石铺就，中间的主图是一只大蜜蜂，四个角上还有四只小蜜蜂。它寓意着像蜜蜂一样勤劳，生活才能和蜂蜜一样甜甜蜜蜜、和和美美。还有一幅"鲤鱼跳龙门"，鱼眼睛、鱼须、鱼尾巴，栩栩如生，像一条活蹦乱跳的鲤鱼。鱼的周边还有两个大圆，体现了合家团圆、团团圆圆。这些图一幅紧挨着一幅，充分反

莲花装饰图案

映了周家大院祖祖辈辈人们对美好生活的追求。

周敦颐"天人合一"的理学思想及其为官做人的品格，也被涧岩头村周家大院后人不断丰富和升华。"让人百步不为欺"，"情恕理遣为息讼良方"，周家家规 16 条，自始至终都是以和为贵，这是他们治理家族、培育子孙、和睦乡邻、处世为人的传家宝。因为周家先祖从一开始就告诫子孙后代要"戒争讼"，使得涧岩头村没有发生过一起因纠纷闹上法庭打官司之事。

"合家团圆"是涧岩头村的一道美味菜肴，为村中走出的翰林学士周崇傅所创。周崇傅跟随左宗棠进军天山，征战南北，收复了新疆。在行军打仗的日子里，物资非常匮乏，有一天恰逢左宗棠过生日，为了给主帅祝寿，担任军咨酒一职的周崇傅想到了一个点子，他让厨师找了一块猪肉，分切好后，放入锅里和米粉一起炒，然后又到军队驻扎地附近的池塘采来一片荷叶，将和好的米粉肉放至其中，再在锅里蒸熟。左宗棠吃了清香四溢的荷包米粉肉后赞不绝口，是以流传至今，成为寿宴必备之菜。

家族和睦团圆的美好愿望不仅镌刻在周家大院的地坪之上，蕴藏在美味的菜肴之中，还体现在一种奇特的舞龙表演里。周家大院的舞龙队共有两支，分为男子舞龙队和女子舞龙队，两龙交织共舞，取阴阳和谐之意。《周易》里说："一阴一阳之谓道"，道一定是既有阴又有阳。舞龙队中两条龙交织在一起，可以看出涧岩头村对女子地位的尊重。

对大家族生活团圆的期盼使得周氏一族十分尊老敬老。从建村伊始，周氏一族就将给老人办寿宴视作家族的一件盛事。凡家族中年满60岁的老人家，都可以挑选任意一年的寿辰做寿，而每位老人做寿，家族成员都要专门写一篇寿序，记录在宗谱之中。在涧岩头村，做寿是比春节更热闹的活动。不仅办寿宴的地点有讲究，整个拜寿的过程也必须要遵循严格的礼仪规范，讲究尊老爱幼，以和为主。做寿是家族成员团团圆圆的日子，表达着家和万事兴的朴素梦想。不必组织、不用动员，每到老人过寿之时，村里各家各户都赶来帮忙，共享天伦之乐。敦宗睦族、和谐共处，团结乡邻，友善往来，周氏子孙们延续着"和睦相处、同心同德"的祖训，在这片土地上繁衍生息。

（本集编导：任伟娇 摄像：李博闻）

周家大院的舞龙表演

记忆的画卷慢慢打开，梦中祥和的丁村，被浓浓的枣香唤醒，雨水打湿了思念。

丁村有一句俗语，"先有三义庙，后有丁村"。三义庙矗立在丁村西头，依然散发着迷人的古香。庙中碑文显示，它始建于元至正二年，至今已有600多年的历史，它是丁村最古老的建筑，就像一位宅心仁厚的长辈，数百年来一直注视着丁村，教导着一代代丁村人做人做事的规矩。

元朝末年，河南战乱，一个叫丁复的人为了躲避战乱，只身从河南来到丁村。当时这里已经有任姓、阴姓两户居民，他们立志"兄弟同心"，共同开垦荒地，建造家园。于是效仿三国时刘备、关羽、张飞"桃园结义"之举，在村头建起三义庙。从此，"兄弟同心、和睦相处"成了丁村数百年的治村理念。丁村的经济发展分为

婚宴上的八大碗

两个阶段，从明初建村到清康熙年间主要以农耕为主，清康熙以后开始经商。不过，不管是种田还是经商，"兄弟同心、和睦相处"的祖训始终教导着丁村的后人不断进取。当时村民丁谓看到丁村的土地已经无法满足家族的发展，就和兄弟四人一起联手收购周边的土地，后来仅丁谓一家就新增土地200多亩，加上原来的一共拥有土地800多亩，靠耕田和地租过上了富足的生活。"仓禀实而知礼节"，丁氏家族在过上富裕生活之后，更加重视文化的传承，"祖宗虽远祭祀不可不诚，子孙虽愚经书不可不读"等古圣先贤的格言、警句被镌刻于家庙、厅堂之上，到了清朝乾隆年间丁村中院的丁溪贤考中举人，成为丁村历史上第一位文举人，丁村丁氏成为远近皆知的大家族。

丁村的"和"蕴含着"与天和""与地和""与人和"的理念。一个"和"字，道尽了丁村人心的经纬。"远亲不如近邻"。在丁村不管是卜姓、杨姓还是其他姓氏，无论谁家有喜事、急事或难事，邻居们都会赶来帮忙。这种村民之间互帮互助、和

睦相处的村风早在丁村建村之初就已经盛行。婚丧嫁娶对于每个家庭来说都是大事，往往一家的力量难以完成，左右街坊都会很积极地、很主动地过来帮忙，成为了非常有人情味的一个传统。以筹办婚礼来说，最繁琐的要数婚宴的准备，好几个人忙里忙外，洗菜、切菜、配料样样都不能少，到了中午，来帮忙的邻居们热热闹闹的，每个人盛上一碗面，围在一起其乐融融，邻居们在互帮互助中加深了彼此的感情。

　　丁村的新婚家宴有一道历史悠久的菜肴——八大碗，"和"的寓意在八大碗中也有体现。八大碗实际上是盛汤的小碗、装肉的大碗、下酒的菜碟各 8 个，一共 24 道菜肴。制作八大碗的

制作土布

食材并不稀奇，但制作工艺却很讲究。为了将普通的食材做出花样，每一道菜都要配比两种以上的原料。《左传》说："和如羹焉，水火醯醢盐梅以烹鱼肉。"用不同的作料来烹鱼肉，它才能成就美味。"和如羹焉"，也同样体现丁村"兄弟同心、和睦相处"的治村理念。制作丁村土布，更是把这种治村理念扩展到不分男女、不分老少的合作过程中。丁村土布历史悠久，工序很多，纺线、打线、经线、织布等工序一个都不能少，在分工协作中每一个人都必须用心去做，环环相连。哪一个环节出了问题，这一匹布都有作废的可能。你心里拉出的经线，织上我心里拉出的纬线，缝到一块儿，合起来才叫土布。

今天的丁村保留了如此之多的古民居，与祖先的"对角分房"巧妙构思有关。"对角分房"，实即一幢大的宅院，兄弟呈对角分享其左右厢房，这有利于兄弟同心不分离，同时也保护了祖宅不易手。孩子们在这样的大家庭里成长，长辈们的一言一行时刻教导着他们，祖宅门额、牌匾上的内容也潜移默化地影响着他们。

"兄弟同心、和睦相处"的家训在丁村不断发展的过程中又融入了"诚信"的内容。随着丁村的发展，更多的姓氏落户丁村，不同姓氏之间依靠诚信和睦相处。

"枣"性"中和"。每年秋分前后，三义庙前的枣树都果满枝头。正是缘于"贵中和"的丁村人细心呵护，枣树才硕果累累，香溢四邻。

（本集编导：陈建忠　摄像：刘春庆）

湖南省岳阳市岳阳县

张谷英村

和睦有道

一个家族在匆匆流年里世代相守，合而不分；一种规矩历经数百年传衍发展，共同守护。在湖南省岳阳县的张谷英村，2600多人同姓同宗，生活在同一片屋檐下，恪守着几百年"和睦有道"的伦理传统，深情地热爱着这片土地。

张谷英村，又称张谷英大屋。村以始迁祖张谷英的名字命名，饱含着对一脉先祖开基建业之功的感念。"军家出身，一抄一运两番失业"。修订于清乾隆三十三年张氏族谱中的寥寥数句，留下了对先祖张谷英身世的无限猜想。是厌倦了宦海沉

浮，还是为躲避灾祸，后人不得而知。可以确证的是，明朝洪武四年，张谷英选择了环山绕水、古木参天的渭洞山区隐居下来。在笔架山麓的简陋茅舍里，张谷英以和立家，他确定了"有困难互相帮助，有过失互相规勉；不可因小利而起争端，因小忿而存仇怨"的族规。泽己及人，襄助子孙后代和衷共济，敦亲睦族，绵延百世，发展成为家业兴盛、子孙昌隆的大户人家。

"砖连砖成墙，瓦连瓦成房"，这句俗语在张谷英村世代流传，其中暗含着张氏先人对后辈"合而不分"的教化。历史上，张谷英村曾出现过"五世同居、百口共食"的大家庭。如今，村里四代同堂的家庭有 60 多个。张谷英大屋都是丰字形结构，中间是三至五进正堂屋，两边是三至四进分堂屋，以天井为中心组成单元。正堂屋、分堂屋及两侧厢房的居住，都严格按照长幼辈分来划分。凝聚先人智慧的大屋就是一座巨大的迷宫，206 个天井为大屋划出了 206 片同样的蓝天，62 条曲折迂回的巷道，虽不知会将脚步引向何处，却并没有将张氏后人分离。"晴不曝日，雨不湿鞋"，巧妙的建筑设计，加上邻里之间的友爱

互助、患难与共，使得张谷英大屋历经百年而平安无虞。大屋的古朴民风，母亲勤劳的双手，妻子充满爱的叮咛，在这个离群索居的乡村中，是村民生活的最大慰藉，也给了离家千里的游子最初的温暖，慰藉着乡愁的苍茫。

在张氏祖先看来，一个家族的兴旺发达，既要族人同心，也要友善四邻。他们在家训中告诫后人，"齿刚易敝，舌柔常存"，希望张氏族人在与外族的相处中，懂得以柔克刚，谦让包容，四邻修好，和睦共处。

20世纪80年代，张姓家族和邻村的龙姓家族因用水问题发生了矛盾。由于龙姓住在上游，张姓住在下游，汛期来临时，龙姓把水泄到下游，张姓的庄稼就会受灾，而到干旱季节，上下游都缺水，龙姓又会截断上游的水源，导致张姓用不上水。两个家族因此而积怨日深。年年用水年年争，眼看着矛盾愈演愈烈，双方都有了动手的想法，张氏家族的长者便召集族人一起商讨解决办法。在张谷英大屋的议事厅，张氏族人就张姓和龙姓争水问题的讨论非常激烈。年轻人认为张姓是占理的一方，要用武力讨个公道。族里的长者却认为，张氏家族历来本着以和为贵的思想，从来不以大欺小，有理也要让三分。最终，家

"外圆内方"的天井

春节舞龙

族的长者说服了年轻人，张家借着春节舞龙的习俗，主动上门给龙姓拜年送福。张姓家族以自己的高姿态换来了龙姓家族的理解和让步，两个家族多年的积怨得以化解。

在张谷英村，除了张氏家族外，在与大屋相隔不到200米的地方，还居住着十几户陈姓人家。几百年间，张谷英村张氏家族从一户人家发展成为后裔近万人的赫赫大族，而陈姓至今只有100多人。家大业兴的张氏族人不仅没有以强凌弱，而且一直坚持先来后到的原则，凡事以陈姓为先。张谷英村自筹资金修水泥路，也是最先从陈姓人家的门前修起。从2008年开始，张谷英村每年都会拿出一部分旅游收入给村民分红。张氏家族的祖训、家规直到今天依然是他们共同遵循的道德原则。村事共商，福利共享。今天的张谷英村，以"公正"维护着全村的和谐，为张氏家族长期教化的"和衷共济、敦亲睦族"又注入了新的内容。

一个"和"字，将张谷英村凝聚在一起，在岁月的磨砺中，形成了一种强大的生命力，延续了一个家族几百年的荣兴，缔造了一个令人赞叹的不朽传奇！

（本集编导：瓮彦君　摄像：王文超　袁军　刘学成）

福建省福州市平潭县
东风村
同舟共济

　　云帆直挂，渔船起航。劈风斩浪，驶向远方。1000多年前，东风村的先民迁居至福建的东庠岛，他们以捕鱼为生，面对变幻莫测的海洋，用他们的激情和勇气，唱响了一曲海岛之歌。

　　恶劣的天气和求生的欲望，让船上出行捕鱼的人团结协作、奋勇向前。海洋考验着他们的意志和力量，使他们拧成了一股绳，同舟共济。目前渔村里居住着1000多人，其中大多是陈姓和肖姓。他们在生产生活中还依然遵循着祖先的教诲，兄弟同心、其利断金，同舟共济的精神渗透在他们的血液当中，成为他们做人做事的基本准则。

在汪洋大海中的小岛，交通不便，物资匮乏，东风村的渔民们靠自己的双手，就地取材建起了牢固的石头房子。但石料沉重仅靠一人一家之力难以完成，往往需要大家出手相助，齐心协力。这些石头房子在潮起潮落的海岸边，上百年来时刻经受着呼啸的海风，见证着当地渔民把同舟共济的精神传承至今。生活在海岛上的人们敬畏海洋、珍爱海洋，大海赋予了他们坚毅顽强的性格，又让他们亲如一家、友好和善，人与人之间的关系非常融洽。东风村人各家各户都只关小门，不锁大门。尽管如此，几十年来，村里从未发生过盗窃案件。村民敞开家门的时候，也敞开了心扉，共享彼此的收获。

每逢初一和十五，渔民都会到妈祖庙中祭拜。在他们的心目中，妈祖既是海上的保护神，更是团结一心的象征。相传明嘉靖年间，倭寇进犯东库岛，渔民们被迫逃生，突然有位美丽的女子出现在海上，引走了倭寇，恼羞成怒的倭寇猛烈地朝她放利箭，但都被她灵巧地躲过了。她又施法术，让所有倭寇都无法动弹。渔民们齐说这是妈祖现身拯救了大家，这激励了渔民们对抗外敌的信心和勇气，合力赶走了倭寇。时至今日，东风村的渔民们每次出海前依然要先祭拜妈祖，祈求平安。

渔民中流传着一句俗语："船阁三寸板，板里是娘房，板外见阎王"。大海危机四伏，船只遇险的情况常有发生。渔民的生命岌岌可危，只有大家合力营救才能化险为夷。每次出海，大海的馈赠有多有少。码头上亲人翘首以盼，期待着亲人平安归来。东风村的渔民以海为生，与风浪为伍，他们自发成立了海上救援队，一旦发现险情，立刻出发援救。"人不独亲其亲，不独子其子"。1971 年的一个清晨，警报声打破了渔村的宁静，一艘希腊商船夜间迷失了航向，在距离葫芦澳不远的地方触礁。在东风村人的帮助下，遇险的 22 名船员全部获救。在这座偏僻的小岛上，一群勇敢的中国渔民在危急关头超越了国界，及时

伸出了援手。今年 45 岁的肖成林,是航海经验十分丰富的"船老大"。2013 年 8 月,正在海上捕鱼的肖成林,接到了风暴来袭的预警,他带领船员匆匆收拾好网具,准备回港避风,就在这时,通话机里突然传来求救信号。肖成林二话没说,顶着九级风浪赶去救援。在他看来,没有什么比人命更重要,即使是让自己处于危险之中。后来附近的三条渔船也不约而同地赶来救援,大家合力营救,五名落水渔民终于化险为夷。

当地的"哭嫁谣"经过世世代代的口耳相传,唱出了渔民与大海相互依存的生活经验和为人处世的原则。"正月红蟹红牙牙,二月虾蛄刺人脚。"海洋的特产变成了歌谣当中劝导后

世子孙"六学六不学"的道理，让他们珍惜邻里之间的关系，维护村里团结友善的生活气氛。

　　一张张渔网，编织了生活的酸甜苦辣。朴素善良的民风和同舟共济的精神让他们声名远扬，许多外地船主多愿与他们合作经商。东风村的渔民即使远走海外，依然铭记着家乡的传统。130多个在外工作的游子，自发组成了"东风村联谊会"，团结在一起回报这片养育他们的海岛。那一艘艘同舟共济的船就如东风村的道德风向标，指引着他们的人生航向，使他们驶向幸福的彼岸。

　　　　　　　　　　　　　　　（本集编导：高大伟　摄像：林毅　郑磊）

云南省丽江市玉龙纳西族自治县

吾木村

天人和谐心性真

深秋十月，太阳要到八点半才能越过山顶，照亮滇西北的纳西族村寨。在横断山脉的深处，吾木村坐拥金沙江，显得格外安静闲适。

这里鸟语花香，树木茂盛。对纳西族人来说，阳光、雨露、草木、花香，都是大自然的恩赐，应倍加感恩和珍视。佳木成林，却不能随便动刀砍伐。实在需要用树，除了林业部门的批准，还要做祭祀仪式。祭祀礼上，纳西族人用面粉代表白雪，用松枝象征圣洁。一杯水酒，一杯清茶，他们向自然贡上祭品，与神灵进行沟通。一刀一斧，纳西族人都把它看作是砍在大自然身上的伤口，祭山神既是感恩自然，

也是为了求得自然的宽恕与谅解。

在纳西族人心里，"署"是一种存在于山林和江河湖海中的神灵，象征着大自然。人类与"署"本是同父异母的兄弟，后来人类不断地毁坏森林、污染水源、捕杀野生动物，"署"就报复人类，以至于大地干旱、河流枯竭、灾难降临。纳西族人相信万物有灵，"祭署"不仅是要为大自然疗伤，也是与自然神进行沟通的最好方式。

日月交替，不忘初心。吾木村的村民们一直恪守着这套完整的"山规"，他们把森林资源分为水源林、风景林、用材林、积肥林等不同类型进行保护。当地没有一个村民会去水源林和风景林砍树，而老百姓要给土地积肥，也都是捡拾落叶，从来不去采摘新鲜树叶。目前，吾木村的森林覆盖率为76.6%，高于丽江全市66.2%的平均水平。

互助、互谅、注重公平、保持克制与礼让是吾木村人际关系和谐的重要原因。67岁的和学良养了几十只羊，这是他们家的绝大部分财产。一次，放养的山羊少了一只，原来是山羊吃草时不小心掉下山崖摔死了。同村的木金红听到消息，帮忙一起把羊抬了回来。摔死的山羊到市场上根本卖不上价钱，对和学良来说，这是一笔不小的损失。附近的村民听说后，都自发来到和学良家，用粮食换取羊肉，减轻他的损失，而和学良也把每家每户给予的帮助详细地记在一个小本上。在吾木村，几乎每家每户都有这么一个账本，不会写字的村民就让村里人代写。纳西族人相信，人与自然、人与人之间都存在一种"债务"关系，在生活中，人们不能只"借债"而不"还债"。在东巴经书上有这样的话："还了神的债心里没有遗憾，还了鬼的债晚上睡得着，还了仇人的债道路宽阔，还了亲戚朋友的债心态平和。"而人与人之间的关系就在这样"有借有还"的来往中日益融洽。

东巴经书

　　纳西族自古有句谚语："恶人头上恶气冲天，好人头上好运常在。"纳西族的祖先相传是居住在青海、甘肃一带的游牧民族，3世纪时，迁徙到四川、云南一带居住，一部分人定居在山间平坝，还有一部分人则世代居住在高山峡谷间，房屋依山势而建。互相体谅让村民之间有了多为他人着想、多站在他人角度考虑问题的习惯，这让大家彼此间多了一份和气。而公平的制度设计更是这种和谐关系的保证。吾木村三个自然村中，吾木和苏明两个村共用山上的同一处水源，但村民之间却从来没有因为水的问题发生大的矛盾。村民之间产生纠纷，大家通常会请来家族中的长者进行调停，所以吾木村一直以来保持着淳朴的民风。

　　吾木村的和谐也来源于对外来文化的包容。在吾木村，和吉胜除了是村主任，也是村民眼中的一个传奇人物。8年前，他娶回了一个比利时的漂亮媳妇温蒂。夫妻俩在村里经营着一家客栈，这是全村最漂亮的房子。每逢有客人来到吾木，和吉胜夫妻都会带他们徒步了解这里的风土人情。和吉胜与温蒂还请人做了一个客栈的英文网页，很多外国人就是从网上知道他家客栈的。目前，已经有来自美国、加拿大、德国、新加坡等国家的 200 多名客人先后入住，吾木这个小山村正在被外面的世界逐渐了解。

和风拂面，温暖人心。和谐、互助、感恩、包容的吾木村人，他们用遗传自祖先的善意和率真心性，托起了明天新一轮的太阳！

(本集编导：杨霁 侯帅 摄像：韩汀 李宸)

祭署

浙江省温州市永嘉县
苍坡村

兄弟同心

　　亭朝南，阁朝北，望兄亭、接季阁相互守望；心连心，手足亲，苍坡村、方巷村情谊真诚。楠溪江畔，千年古村，一对兄弟的和睦同心流传下一段佳话，兄友弟恭的精神激励了一个家族的兴旺发展。

　　坐落在浙江省温州市永嘉县的苍坡村已有上千年的历史，村中居住着3000多位村民，几乎都姓李。村中东南角有一"望兄亭"，与方巷村口的"接季阁"遥遥相对。

这两座亭子是李家七世祖李秋山和李嘉木兄弟情深、兄弟同心的见证，也是后人的榜样。

955年，苍坡李氏一世祖李岑避战乱，从福建迁居浙江楠溪苍坡。传衍至七世时，李秋山、李嘉木兄弟俩各自成家，分家单过。弟弟留守苍坡村，哥哥李秋山去了村对面开基立业，于是有了方巷村。家虽分，心相连，情深意重的兄弟俩白天干完农活，夜里总要相聚谈心，刮风下雨，天天不断。那时条件艰苦，两村之间常有野兽出没，兄弟俩长谈到深夜，都不放心对方独自回家。分别时，哥哥坚持把弟弟送回苍坡，弟弟又陪哥哥返回方巷。互相送来送去，天就亮了。苍坡村现在还流传着一句俚语，"李郎送李郎，一夜送到大天光"。后来兄弟俩觉得每晚这样送来送去实在不是好办法，于是商量决定，各自在村里造一座亭阁。每当深夜叙旧惜别，兄弟俩平安回村舍后，就在亭阁高处挂上灯笼，以报平安。兄友弟恭衍生了两村同祭的传统。为表示对兄长的尊敬，每年祭祖前，苍坡李氏都要先去方巷村恭请兄长的后代，祭拜了兄长的祠堂之后，才一起回到苍坡。

古往今来，兄弟分家时因财产分割等问题总容易产生矛盾。

望兄亭

苍坡村的村民,他们始终遵循古训,将兄弟友爱的传统发扬光大。63岁的李修南和54岁的李碎南平日里总是一起在地里干农活。其实早在1989年父亲去世后,两兄弟已各立门户,但他们俩也像七世祖李秋山和李嘉木一样,兄弟分家不离心。当时分家要解决的首要问题是房子。祖上留下一个院子,有一前一后两间房,后面的大房子有70多平方米,而前面的小房子只有26平方米。当时哥哥只有一个孩子,而弟弟已经有了两个儿子,住20多平方米的房子难免会有点紧巴巴。但在分房时,弟弟却主动提出,哥哥一家3口,70多平方米的大房子可以一起住一辈子,不用再折腾换房,所以他愿意把大房子让给哥哥。而哥哥李修南也提出,如果弟弟住小房子,他要给予弟弟一定的经济补偿。兄弟俩不争执不计较,顺顺利利地分了家。两兄弟虽然分家,但还是住在一个大院,一起奉养母亲。母亲谢紫叶今年86岁,依然耳聪目明、身体硬朗,每天仍能和儿媳妇一起做素面。做素面是苍坡村村民传统的家庭副业,从始到终都极其费时费力。谢紫叶以前靠着做素面将几个子女抚养成人,后来她将这门手艺传给了两个儿媳妇。5年前,他们13个堂兄弟还一起出钱出力,翻新了父辈们为村民休憩而建的亭台,取名"颐

水月堂

乐园"，供大家遮阳避雨、纳凉、娱乐。

除望兄亭外，苍坡村还有一座水月堂，是八世祖李霞溪为纪念哥哥李锦溪而建。北宋末年，李锦溪奉命抗辽，不幸战死沙场。死讯传回故乡，李霞溪悲痛不已。他辞官回到苍坡，担负起抚养哥哥子女的责任，还在苍坡村东池北端一处四面环水、环境清幽雅致的地方修了一座堂寄托哀思。建成后，李霞溪居住其中，晚上见水中幻月，常勾起思兄之情，所以取名水月堂。

苍坡村的建筑雕饰凝聚了"读书明理"的朴素道理。苍坡村李氏宗祠里悬挂了一块匾额，上面的"氏"字多了一点。它用意深刻，李氏祖先希望通过它把村中外姓兄弟抬高一点，像自家兄弟一样敬爱他们。苍坡村的布局以"文房四宝"为依托设计，"笔街"正对着村西的笔架山；以两方池作"砚台"；砚台两旁搁置一条长石为"墨方"；鹅卵石排成的正方形围筑成宛若铺展而开的纸张，李氏祖先期冀子孙后代懂得孝悌人伦。

"兄弟分形同气之人，其本于父母"。兄弟后裔无论传承多少代、走多远，始终是一家人。苍坡村、方巷村每30年同修一次族谱的传统，从未间断。是的，手足之情宛如同行脚印，相互支持，交相辉映。

（本集编导：高嘉晗　摄像：刘春庆　白阳　袁军）

湖南省湘西自治州古丈县
老司岩村

亲帮亲，邻帮邻

　　"无情又无义，种瓜不结蒂"，湘西古丈县境内的老司岩村一直流传着这句老话，它将 21 个姓氏族群团结在了一起。靠着这个"义"字，老司岩村走过风雨百年，至今发展成 176 户、743 人。

　　老司岩村有棵 500 年的柏树，人称"白大夫"。每年冬至，村民们都会自发来拜祭这棵"神树"。据说，100 多年前，酉水河下游发生了一场巨大的瘟疫，死人无数。多亏了一位须发皆白的老郎中，在村村寨寨游走，为人治病，挽救了许多生命。有人问这位救命恩人是哪里人，他只说："我家住在老司岩村后山，家里有三兄弟。"可是当人们来到老司岩村寻找恩人时，他们却发现，这里并没有姓白的人家，而后山更是没人居住，只有一棵沧桑的柏树。

古柏于是成了仗义救人的老司岩村的标志，义务行医的传统在古村传衍至今。

悬壶济世，医者仁心。受老司岩村"义字当头"传统的深远影响，67岁的黄自治还在坚持不懈地义务行医。黄自治从17岁起就跟着哥哥义务给被毒蛇咬伤的人治疗。每替伤者吸一次蛇毒，他的牙齿就会松动一些，现在黄自治上颌的牙齿几乎全掉了。即使这样，他仍然坚持替伤者治疗。救死扶伤，解人危难，黄自治心中的这份使命感深深地植根于老司岩村深厚的文化传统之中。

帮扶、救助，顾全大局，亦是老司岩的道德准则。据《黄氏族谱》记载，最初老司岩村主要生活着张氏、米氏两大家族。在400多年前，黄氏先祖黄大荣为躲避瘟疫，沿酉水而上，辗转来到了老司岩村。米家慨然收留了流落到此的做斗笠为生的黄大荣，黄大荣为人仗义，结交广泛。他感恩米家对自己的接纳帮扶之义，发誓要把它演化为后代为人处世的传统。人多地少，资源有限，这个近千人的村子里，大家并没有争田、争地、争水，而是以义为纽带，互相谦让，道德的传承哺育了这个村庄的善意，让它变得更加温暖。

老司岩村山歌有云："人有义，石有根，人有情义心连心，石与大山一条根，人无情义无人亲。"在老司岩村中央有一座伏波庙，因年代久远，已经有些残破，然而它却是村民心中道义和正义的象征。庙里供奉的正是东汉伏波将军马援，据说他打仗的时候不是一味地杀戮，而是以"义"来赢得人心，获得胜利，留下了"义不义，将军断"的说法。马援是"义"的化身，老司岩村里有什么纠纷，都要到伏波庙去评评理。由于众心一"义"，老司岩村走过了码头经济、农桑经济时代，目前正向旅游经济转型，"义"让他们在这块陡狭的石崖上和谐地生息、壮大。

　　冬至节时，老司岩村里会表演最传统的厄巴舞。厄巴，在当地是"猴子"的意思。厄巴舞是老祖宗根据猴子的动作编排而来的。相传，在老司岩附近的西水河边一直生活着一大群猴子。起初这群猴子很不团结，割据山头互相纷争。由于它们心不齐，故经常被老虎、豹子还有毒蛇欺负。无奈之中，它们想到了"抱团取暖"的办法，团结在了一起，对外出击，从此就再也没有猛兽可以侵扰他们。老祖宗编厄巴舞，是借此告诉大家，这里山高水险，想在这里生存下去，必须学猴子，抱成一团。冬至节的大清早，村民们还会聚集到一起做"义字粑粑"。这是一个全村的仪式性活动，规定每个姓氏家族至少选出一个代表参加。男人们合力搬来一年才用一回的大石臼，女人们则把糯米放在一个大木桶中蒸煮，"义字粑粑"是全村共同制作的食物，象征着全村人一条心，凝聚着大家的仁义之情。黏黏的糯米粑粑，把村民的心都粘在了一起。

　　西水河在身边千年不绝地流淌着，它带走了远去的苦难时光和纷纷扰扰的利禄，却带不走老司岩如峭壁一般坚定的信念。那就是"义"，激励村民扶贫济困，救人危难，知恩图报，共奔幸福。

（本集编导：李佳 陆镝　摄像：宁楠 郑重）

厄巴舞

重庆市酉阳自治县

河湾村

世代尚和

藤蔓互攀，枝叶相连；树梢上头，红巾飘扬；黄土之下，根系缠绵。重庆西水河镇的河湾村有一对古树叫"和睦树"，它由一棵野漆树和一棵构檀树组合而成，历经风风雨雨，相互依偎、合为一体。"和睦树"成了新婚夫妻顶礼膜拜的对象，他们也期待情牵意连、永不分离。"和睦树"庇佑着村中土家族儿女，走过了640多年的历史，至今依然苍翠。

相依相靠的"和睦树"并非天然形成，它们最初的栽种，体现着祖先的良苦用心。

和睦村

　　当年，先祖两弟兄分家，为了一份田地闹起了矛盾，结果两败俱伤。痛定思痛，他们想到后辈要在这么好的山水间立足下来，必须家庭团结，睦邻友好，于是他们栽下了两棵树，祝愿子孙后代能像树木一样人和、家和、寨和。河湾人牢记祖先教诲，崇拜这两棵树，近300年，没有出现过一对夫妇"离婚"。

　　"敦孝悌以重人伦，笃宗族以昭雍正，和邻里以息争讼"。河湾人世代尚和，不仅要和于情，更要和于礼。礼由祖先创立，代代相传。河湾村土家族人由彭、覃、向、罗、田五大姓氏组成。彭氏土司彭仕然与其他四姓结盟，定居于酉水河畔。彭氏后人为纪念彭仕然，修建了爵主宫。当初，正是彭仕然为五个儿子立下了"以和建寨，以和兴寨"的族规，襄助河湾古寨几经战乱，最终都顽强幸存下来。

　　邻里之间要做到和睦相处，礼让和理解是前提。白友林和

摆手舞

妻子田敏在村里经营着一家农家旅店。两年前，旅店即将动工的时候，白友林得知邻居也有盖新房的打算，就主动把自家的地基向后退了两米，在白友林看来，这样的做法并不是吃亏，而是身为河湾人最基本的处世之道。每年12月，正是采摘柑橘的季节，白友林和妻子田敏只要空闲下来，就会帮助左邻右舍上山采柑橘。在河湾村，邻里之间靠的是"一家有事大家帮，一家有难大家扛"，河湾人做生意讲究的是"和事三分当钱使"。

河湾村人很珍视与大自然的和谐相处。岁月悠悠，酉水长流，半农半渔的生活方式在河湾村延续至今。酉水河养育了世代的土家子孙，也让河湾人倍加呵护这片赖以生存的水土。村里规定，捕鱼只能捕2斤以上大鱼，再艰苦的年月，也要把小鱼放归河流。

　　为了不污染水质和伤害鱼类，河湾村人还想出了一些有效的杀虫土办法。每隔一段时间，村民李万成都要在自家的菜园里收割一种特殊的野草，这种叫作辣料子的植物具有杀毒灭菌的功效，剁碎的辣料子，用它的汁液拌上适量的石灰，如此调配出的杀虫剂，简单而又环保。祖上流传下来的防治害虫土办法，已经在河湾村使用了上百年。

　　每逢特定的节日，土家族都会跳起欢快的摆手舞，以这样一种特殊的仪式来凝聚大家族的向心力。摆手舞起源于土家族的祭祀活动，是他们缅怀祖先的早期生活、追忆祖先艰辛迁徙的场景再现。摆手舞的动作大多模拟生产劳动，弯弓射箭、田里播种、纺花织布都融于舞蹈之中。在农耕社会，个人无法独立于群体之外完成农业生产的全过程，因此，合作就成为一种必然的生活方式。全村男女都参加摆手舞，为的是提醒大家，不要忘记以"和"为本的生存原则。摆手舞仪式很讲究，每次跳舞之前，先要由族内德高望重的老人宣读一段尚"和"的祭词，祝福村寨和谐幸福。

　　"你一声来我一声，二人好比鸟和音，唱首山歌当玩耍，千万别把它认真"。河湾人世代生活在青山绿水之中，美丽的山川赋予了河湾人乐天知命、率真坦荡的性格，一曲曲朴实真诚的山歌，经常成为大家化解矛盾、协调不同意见的独特方式。

　　破晓薄雾，河湾村荡起悠扬山歌，传唱的是乡亲们的生活温暖，家园幸福。村里的和睦树历经风雨沧桑，巍然挺立。土家族先祖以和立寨、以和兴寨的美好愿望，仿佛一颗珍贵的种子，穿越时光，在河湾村后代的心中生根发芽，开花结果。

　　（本集编导：李剑峰　摄像：李范伟　袁军）

西藏自治区拉萨市墨竹工卡县

赤康村

民族和谐代代传

　　雪域高原，风光旖旎。依山傍水的赤康村，背靠雄伟的门斋山，对望川流不息的甲玛雄曲，处在平均海拔 4000 米的西藏墨竹工卡县内，显得神圣而庄严。藏语中，"赤康"译为"万户"。元朝时，卫藏地区分封了 13 个万户，赤康由此得名。这里居住着藏、蒙、汉等同胞。

　　"甲玛谐钦"是赤康地区特有的歌舞表演形式，其中流传最久、传唱最广的曲目，是文成公主入藏的故事。617 年，松赞干布出生在赤康村。作为西藏历史上最杰出的藏王，松赞干布把自己的首府从赤康迁到了现在的拉萨，统一了西藏各部，创造了藏文字，一步步建立起了吐蕃王朝。为了与当时的大唐王朝和谐相处，引进先进的文化和技术，松赞干布先后几次派使臣到长安，提出和亲的请求。贞观十五年，唐太宗将文成公主嫁到西藏，开启了藏汉通婚的传统。文成公主入藏时携带了大量的佛塔、经书和佛像，并修建了如今举世闻名的大昭寺，对于佛教在西藏的兴起，

松赞干布出生地原址

甲玛谐钦

起到了重要作用。同时，文成公主为西藏带去了几百册生产技术和医学书籍以及大量的谷物种子，教人们种植农作物、养蚕纺丝。贤淑多才的文成公主受到松赞干布的尊敬，不但为她修建了布达拉宫，还经常向她讨教唐朝的政治制度和管理方法，作为治理西藏的参考。松赞干布和文成公主的联姻，是西藏发展史上最重要的事件之一，不仅被载入史册，也深深铭刻在藏汉人民心中。自从松赞干布与文成公主联姻后，赤康村就有了藏汉通婚的传统，并世代相传，这种文化包容、民族和谐的精神也让赤康村一直保持着平和与宁静。从唐朝以来的 1000 多

霍尔康家族保留的清朝雍正皇帝颁发给热丹顿珠将军的封地文书

年间，这里从没有出现过战乱和纷争，村民的生活从容悠闲。

1400多年过去了，松赞干布的出生地依旧绿草茵茵、泉水潺潺,他身体力行倡导的民族团结精神也在村子里世代延续着。当地村民在他的故居旁边，修建了一座特殊的庙宇，里面供奉着松赞干布和文成公主的雕像，虽历经千年，香火依旧旺盛。十月秋盈，为了庆祝一年的丰收，赤康人精心打扮，他们把对先祖的崇敬与敬仰写入歌曲、融入舞蹈，世代相传。

赤康村有一座霍尔康庄园，里面修有一座上百年的佛塔，近于内蒙古佛塔造型。"霍尔康"在藏语中是蒙古人的意思。霍尔康家族的先人在元朝末年迁到西藏，世代都是骁勇善战的武将。清朝雍正年间，由于在平叛中立下战功，雍正皇帝将甲玛赤康作为封地，赐予霍尔康家族。蒙古族将军热丹顿珠来到赤康村之后，受到松赞干布民族团结精神的影响，不但娶了藏族姑娘为妻，而且把民族团结、和谐相处作为家族世代遵循的信条。在那之后，原来是蒙古族的霍尔康家族成员，和当地藏族通婚，团结互助、和睦相处，逐渐融为一体。出生于霍尔康庄园的全国人大常委会原副委员长阿沛·阿旺晋美，就是此中涌现出的维护民族团结的典范。

阿沛·阿旺晋美原名霍尔康·阿旺晋美，1935 年，25 岁的他入赘到阿沛家族，改名叫阿沛·阿旺晋美。他在庄园中生活，帮助母亲管理庄园。虽然他是贵族子弟，但是他经常找机会接触庄园里农奴的孩子，和他们一起劳动。在赤康村生活的日子里，阿沛·阿旺晋美深深感受到，西藏要发展，就是要继承先辈留下来的民族团结精神，接纳各种先进文化和思想。

在西藏面临和平解放的关键时刻，阿沛·阿旺晋美第一个站出来表示支持，并作为西藏地方政府首席全权代表，和中央政府签订了《中央人民政府和西藏地方政府关于和平解放西藏办法的协议》，实现了西藏的和平解放。此后的几十年，阿沛·阿旺晋美无论身居何位，工作还是生活，都一直维护着民族团结。他的儿子阿沛·晋源从复旦大学新闻系毕业之后，没有选择留在大城市，而是主动要求回到西藏工作。回西藏之前，阿沛·阿旺晋美特意叮嘱他，一定要把民族团结、和谐相处放在第一位，踏踏实实做事，认认真真做人。30 多年来，不论是在哪里工作，阿沛·晋源一直牢记父亲的嘱托，维护民族团结，为西藏人民的幸福生活不懈努力。如今，他已经是西藏政协副主席，在缅怀父亲的同时，依然继承和践行着父辈对于民族和谐发展的那份期望。

皑皑绒白中，赤康村矗立的建筑风格各异，错落有致，像是一首跳跃的协奏曲，不息地传递着民族团结和谐的精神。漫步于此，感受到最多的就是村民们的和谐笑容。

（本集编导：韩辉　戴睿　摄像：林毅　郑磊）

广东省清远市佛冈县
围镇村
家和万事兴

镇倚奇峰幸福村，围呈瑞霭和谐地。清风袭来，夜也温柔，位于广东省佛冈县的围镇村就像唱着摇篮曲、助你入梦的母亲，她的音容总是那么贞静贤淑、美丽而祥和。

从清朝道光年间建村以来，村民们始终将"和"字奉为为人处世的行为法则。这里的村民情同手足，日子过得就像巷子里悠扬的歌声，唱不尽的是人间真爱。

相传，围镇村的始迁祖广传公有兄弟三人，他们白手起家在宁化合伙做生意。起初兄弟齐心协力，生意做得风生水起，后因收入分配等问题，兄弟间逐渐产生隔阂，其中两兄弟一气之下远走他乡。缺少兄弟扶持，广传公的生意每况愈下，最终他变

卖家产、携妻带儿离开了那个伤心地，来到了现在的围镇村。有了前车之鉴，痛定思痛的广传公将"兄弟和睦""邻里和睦"等列为家训族规，告诫子孙后裔要以"和"为贵。

每年的正月十五，围镇村都要举办热闹的"舞被狮"活动。他们舞的"狮"很奇特，是家里的被单。被单下面两个人，是每家每户的婆婆和媳妇，她们只有加强沟通，化解矛盾，才能节奏统一，舞得漂亮，取得名次。它由村里贡生刘行修所创，他的妻子和母亲性格不合，常因生活琐事吵得不可开交，两头受气的刘行修想出了这个"舞被狮"的活动，化解了婆媳矛盾。如今，"舞被狮"已演变为每年一度的民俗活动。媳妇舞狮头，婆婆舞狮尾，寓意婆媳和睦、母爱传承；婆媳各拿竹竿相互敲打，寓意消除隔阂，互相理解；燃烧柴火，寓意来年生活红红火火。"舞被狮"的第二天，婆媳们要带着家人去新婚或添丁的人家恭贺，送上祝福。

舞被狮让婆媳踏着同样的节拍，把原本不一致的脚步踏成了和谐的舞步。而一碗碗令人捂鼻的臭屁醋，却成了围镇村邻相互沟通的媒介。臭屁醋闻起来比臭豆腐的味道要香浓几倍，喝起来又像醋一样酸。相传清朝时，村里有位老人体弱多病，每天靠拾荒和讨饭过日子。邻里乡亲可怜他，常常会送他几捧田间稻谷。老人舍不得一次吃完，就把谷子刨成米，用锅炒香放入坛中，用井水浸泡保存。一个多月后，当他打开坛子，迎面扑来一阵酸臭味。老人很珍惜这些粥水，每顿都吃，半个月后，他的脸色泛红，孱弱的身体竟奇迹般硬朗起来。乡亲们知道后，亦争相前来品尝，老人为感谢乡亲们的施舍，把制作臭屁醋的方法告诉了大家。如今，哪家媳妇生孩子，婆婆一定会亲手为她做上这滋补的汤饮，帮助她恢复精力。热情好客的围镇村，每当有客来访，他们亦会送上情有独钟的臭屁醋来招待客人。

"是亲必顾，是邻必护"，村民于洪生一直用自己的行动

努力诠释着这句古老谚语的精髓。于洪生是福建人，他在广州经营着一家工厂。岳父瘫痪在床后，他同妻子一起不辞辛劳地照顾着。而岳父去世后，他们又尽心照顾岳母。当于洪生发现村里还有几位孤寡老人生活得不是很好，于是他便萌生了重新建个房子将这几个孤寡老人和不愿离家的岳母安排在一起养老，同岳母和两位孤寡老人商量后，他建了座新房让三位老人安享晚年。

　　为保邻里和睦，围镇村还设立了村民理事会来调解邻里矛盾。村民刘华深家有一棵百年荔枝树，枝繁叶茂，有些遮住了邻居刘继光家新房的采光。刘继光一时冲动擅自将几股树枝砍掉，这一行为引发了两家的纷争。村民理事会得知了此事，经

舞被狮

过讨论决定先让两位工作人员去刘华深家平复情绪。同时，又派人去找砍树的刘继光做工作，让他认识到自己行为的不妥。村里这样的百年古树有上百棵，每年都会结出大量果实，是村民收入的来源之一。古树同时也是村民们纳凉聊天的好去处，更是孩童们嬉戏玩乐的场所，如果都因为自己的一点利益就砍树，那么村里的古树便很难存活。经过调解最终两家化干戈为玉帛，握手言和。

"邻里团结是非少，家庭和睦百事兴"。踏入围镇村，随处可见一副副关于兄弟、夫妻、婆媳、邻里间和睦的对联贴在各家各户的大门之上，向世人尽情地传达着"和"文化，诠释着"和衷共济"精神。

（本集编导：钟诚 摄像：王文超 呆新磊）

名家品读

风雨忆同舟

易中天

　　重庆酉阳县河湾村有一棵和睦树。准确地讲，那不是一棵树，而是两棵。一棵野漆树，一棵构檀树，起初根枝相系，如今融为一体，郁郁葱葱地见证着三百年来村民们的和睦相处，守护相望。

　　辽宁省阜新市的查干哈达村则有一个举办了两百多届的睦邻节。每到这天，村民们会聚集在一起，向二十三个不同姓氏的祖先进行共同的祭拜。祭品是朴素的，也许不过红薯核桃。仪式却是隆重的，心意更是诚挚的，那就是向先人们禀告，我们虽不同宗同族，却始终亲如一家。

　　与此同时，福建省东庠岛的东风村保留着一个传统：一家有事，全村帮忙。这个海岛上的村落就像一条船，村民则一如同舟共济的船员，深知只有同心协力才能扬帆远航。因此，当一位村民搁浅在海滩上的渔船修复以后需要下水时，每家每户都伸出了援手。

　　一舟，一节，一树，都是看得见的乡愁。

　　乡愁是人人都有的，它甚至是一种远古的回忆。早在三千多年前，中国的甲骨文就已经有了"乡"字。它的字形，是当中一个食器——簋，两边各有一个面对面席地而坐的人。这个字后来演变为楷书，就是繁体字的乡——鄉。

　　楷书繁体的鄉，把中间的食器写成了良，两边的人分别写成了乡和邑。乡和邑都是聚落，这就更加强调了"聚族而居"的意义。甲骨文的乡，则显示出"守护相望"的情怀。它告诉我们，乡，就是相向共食，也就是面对面，手挽手，心连心，共图生存，共谋发展。所以，乡也就是相，比如相依为命或者相逢一笑。

乡的意义是相处，相处便有乡愁。

中华民族主张的相处之道，关键词是"和"字。和的本意是和谐，和谐的本意是多样统一。和实生物，同则不继，我们民族很早就懂得了近亲繁殖不可持续发展的科学道理，因此并不赞成一律雷同。相反，我们承认差异，并认为差异天然地具有合理性。但同时，我们也认为千差万别的人都是人。是人，就有共同的人性，也就有共同的理想追求和价值判断。求此同，存其异，即为相处之道。

也许，和睦相处的村民们并不能讲出这些大道理，也没有必要去讲。他们只是以一种朴素的情感和认知，维系着千百年绵延不尽的传统，守护着心灵的一份纯净。这份纯净就像明月湾的一弯明月，吾木村的金沙江水，晶莹剔透，源远流长，照耀滋润着我们脚下的这片土地。

据说，广东清远市围镇村有位老人，每年都要为村民们书写对联。因此，我也愿意送给所有村民一副对联，以此祝福他们的幸福安康：

比邻而居，十里山川求共济；

守护相望，千秋风雨忆同舟。

第三章 耕读传家久——传家观念

晋「五柳先生」陶渊明，「开荒南野际，守拙归园田」。他性爱丘山，归去来兮，「既耕亦已种，时还读我书」。宋「稼轩居士」辛弃疾，「却将万字平戎策，换得东家种树书」。他笑傲山林，闲居田野，「稻花香里说丰年，听取蛙声一片」。半耕半读，是古代很多人、很多家庭理想的生活方式和存在的价值取向，形成了一种源远流长的「耕读文化」。

在战争频仍、灾荒不断的社会中生存，很多人以耕读为生存需求；看透了政治腐败、商场虞诈的文人，则视耕读为陶冶性情、复归自然的重要手段，是以明张履祥《训子语》说：「读而废耕，饥寒交至；耕而废读，礼仪遂亡。」正是坚守「耕读传家久」的理想信念，成就了一个书香四溢、怡然自乐的乡土中国。

浙江省杭州市建德市

新叶村

读可修身

　　白墙绿瓦，绿树成荫，依山傍水，古村盎然。新叶村就依处在浙江省建德市的大慈岩镇。它恍如一本打开的古书，承载着一代又一代人的梦想和记忆，书香四溢，沁人心脾。它又像一个添香读书、明艳动人的女子，走过岁月的风尘，散播着千年不逝的文采和柔情。

　　新叶村的故事还得从南宋讲起。宋宁宗嘉定年间，宋金纷争不断，宋室被迫南迁。在这股流徙的士民洪潮中，有一个叫叶坤的读书人辗转来到了浙江玉华山下。他不怕艰辛，开荒拓土，发展农耕，扎根生活了下来。他告诫子孙，农闲之时，一定要多读书。"草堂关野意，甲族擅书香"，在他看来，即使身处乡野，也不能丢失了耕读传家的传统。

草堂关野意　甲族擅书香

　　每年的三月三，新叶村都会举办文人诗会，这一传统是先祖叶克诚创建的。元代初年，在距新叶村不远的道锋山下，应叶克诚的邀请，理学家金履祥正领着一群文人雅士在为叶氏学童举行隆重的"开笔礼"。为了激励族中孩子砥砺学习、知书达理，他又倡导以诗会友，吟咏才情。后来，他办了一个"重乐书院"，激励族人来此学习，开启心智，涵养性情。自此，"耕可致富，读可修身"，就成了叶氏家族的族训，世代传承。

　　"谋生唯有读书高，试把书高训尔曹"。历史上的新叶村虽然只出过一位进士，举人、贡生、秀才也仅百余人，但读书识字的风潮，一直没有中断过。新叶村人始终牢记"立学以读书为本，立身以立学为先"的道理，从第一所官学堂居敬轩的藏书阁，到华山小学的图书馆，再到文昌阁里的农家书屋，新叶村的阅读之风一脉相承。正是有了这一精神的浸染，如今3000多人的新叶村，就有500多人从事教育事业，因为他们深刻地明白一个道理，读书可以修身立命，但教书可以荣宗显祖，惠及子孙。

"耕种可以填饱肚子，读书可以充实头脑。"叶昭荣从小就明白这个道理， 82岁的他还在和老伴儿刘赛琴一起经营着村里唯一的一个已经有50多年历史的豆腐坊。14岁时叶昭荣一边做豆腐，一边在村里的学校读书。每天一大早，他就要像黄牛一样，在石磨前使蛮力磨豆子。早晨他利用学生做早操的时间去卖豆腐，八点前他还要赶到班级上课，就这样，他坚持读了4年书。叶昭荣好读书的传统源于他的爷爷叶肃喜。"治家有方，育人有道"，这是后世给叶肃喜一生的评赞。20世纪初，孙中山先生掀起了广开学路的思潮，触动了叶氏家族崇智派叶肃喜，为了能让村子里上不起学的孩子接受扫盲教育，叶肃喜萌生了一个办夜校的想法，将自己的三间堂屋辟为教室，并取名为翰墨轩。他召集了一批小孩，大约有30人，这些小孩白天砍柴、种田，晚上则到他这里来读书。他对孩子们进行启蒙教育，教他们学习《三字经》《增文广记》等，还手把手地教孩子们临摹书法字帖。叶肃喜很严厉，二儿子不喜欢读书，还染上了抽大烟的恶习，他就专门在课上当众惩戒自己的孩子。欲正人者先正己。这样一来其他学生自然不敢胡作非为，老实

时钟格练字法

三月三文人诗会

地一心练字读书。

"非学无以广才,非志无以成学",这句话在新叶村民叶顺富的身上有了新的体现。他用 40 年的时间,写废了 1000 多斤草纸,终于练得一手好字。后来,他将临摹字帖的经验,写成了 116 卷的《翰墨轩耕读集》。他还延续了太公办学的传统,在翰墨轩教村里孩子练书法,为在短时间里帮助他们写好字,他专门发明了时钟格练字法。在新叶村,擅长书法的远不止叶顺富一个,叶照忠就比叶顺富技高一筹。三月三日文人诗会上的挥毫泼墨、切磋书艺,叶照忠连续 12 年拔得头筹,他带着族人们的期望和寄托,承担起了为祖上祠堂写对联的重任,将叶氏宗祖对读书修身的叮咛写成 131 副楹联,永远地刻印在子孙后代的心里,让学习和道德之气代代传承。

春寒料峭的夜晚,伴着淅淅沥沥的雨声,新叶村,我翻开了你的历史诗稿,抚摸着你的泪痕,慢慢地品读着你,艰苦朴素、气质自华的玉华叶氏,你的故事和高格,闯入了我的内心,打动了我,也给这个寒冷的春天增添了丝丝暖意。

（本集编导：马洪军　摄像：王国强　李堂）

浙江省温州市永嘉县

芙蓉村

耕读传家久

烟柳画桥，风帘翠幕，风景如画的芙蓉村，矗立在以"水美、岩奇、瀑多、林秀、村古"而闻名遐迩的浙江省永嘉县楠溪江畔。上有天堂，下有苏杭。风景秀丽的芙蓉古村，充满着古色古香的气息，犹如一幅淡雅的水墨山水画，令人浮想联翩，惹人神往。

振叶寻根，观澜索源。唐朝末年，陈氏祖先从河南开封出来讨生活，几经辗转，来到此地，相中了这块风水宝地，定居下来。出身中原名门望族的陈氏，历来重视耕读传家，在他们看来，耕是生存之本，读是立身之本。到了南宋时期，芙蓉村陈

金印

氏一门有 18 人同朝为官，彰显了芙蓉村文运亨通、文风鼎盛。

"吾家子弟，为士者，须笃志苦学以求仕进；为农商者，须勤耕贸迁以成家业"。这是芙蓉村世代相传的祖训。在中国传统习俗中，祭祀是维系今人与先辈、过去与未来的一项活动，也是维系血脉与亲缘、牢记历史与文化的重要仪式。每年高考成绩揭榜，芙蓉村人都会为读书人放一次红榜，举行一次祭祀，并在祭祀中宣读家训，强调耕读对家族发展的重要性。

芙蓉村人尊师重教，鼓励读书。芙蓉书院始建于南宋，地处整个村落的核心，西边是芙蓉峰，东边紧邻"七星八斗"中最大、最重要的芙蓉池，更为巧妙的是，如果说如意街是一支毛笔的话，那么芙蓉书院就正好是它的笔尖所在。虽然它只是一个乡村书院，但当年却是延请宿儒名师来主持。据《永嘉县志》记载，书院教化功能卓著，使得"家重师儒，人尚礼教，弦诵之声，遍于闾里"。芙蓉书院里有个"爱知堂"，是一间惩罚室，那些不爱学习或者犯了错误的孩子要在这里接受老师打手板的惩罚。如今芙蓉村特意将这间屋子保留下来，以劝诫勉励村里的孩子好好读书。

芙蓉书院

祭祖大戏"打八仙"

近几百年，秉承这种"耕读传家"的精神，芙蓉村培养了大批人才。其中有 1 名状元、22 名进士、100 多名举人，代表者有南宋著名学者、永嘉学派旗帜性人物陈傅良。到了民国时期，更有 18 人先后考上黄埔军校，体现了芙蓉村人从"文才"向"武略"的发展。

"朝为田舍郎，暮登天子堂"是中国传统文人关于"耕读"的理想归宿，但是芙蓉村人有更高的追求，那就是必须做清廉好官，在国家存亡危难之时，能挺身而出，仗剑拯民于水火。从南宋末年为国捐躯的陈虞之，到抗日救亡英勇献身的陈时耕，

"明人伦""效先贤""扬善弃恶""救危扶困"的精神，为芙蓉村培养了许多忠臣良将。

芙蓉村对考上大学者奖赏有加。台胞陈田丹捐资设立的奖学金基金会至今已有17年，共资助了268名大学生。在他的精神感召下，如今一些事业有成的芙蓉村人，也开始回馈乡里。芙蓉村曾经流传着一个几百年的习俗：金印煮水。金印是从南宋末年传下来的，据说用它和当地一种名叫"水竹叶"的植物一道煮水喝，可以给孩子压惊，并且能让不爱学习的孩子静下心来好好念书。出于对孩子健康的考虑，如今这种习俗已经被废止了，不过这一习俗表明，芙蓉村不但有鼓励读书的机制，对不爱学习的孩子也有应对之策。

为了更好地阐扬"耕读传家久"的精神，芙蓉村人陈晓江历时10年，创作了一部150万字的长篇小说《芙蓉外史》，小说分为《追源记》《寻金记》《归宗记》等6册，讲述了芙蓉村人在沧桑的历史岁月中经受考验、拒绝沉沦、坚强生存的故事，它同时也是一部关于芙蓉村历史、民俗、人物的百科全书，它让世人永记有这样一个芙蓉村，有这样一群芙蓉人，他们的精神承前启后，影响深远。

芙蓉村人耕读传家的努力从来没有停止过，延续近千年，到今天依然生机勃勃。这里既有中国传统古村的质朴宁静，民风淳厚，又有诗书浸染之后的文化氛围，是许多人理想的安身立命之所。这种耕读文化，我们依然觉得很亲切，因为它代表了两种回归，我们生活的根是田园、是自然，而我们文化的根是传统，所以当我们回到这种耕读文化的时候恰恰体现了我们每个人心中文化的乡愁。

（本集编导：廖晓鸥　摄像：吕中华）

崇文致远

辛卯季春

三十三世孙勇率女佳如敬立

江苏省无锡市宜兴市
周铁村
崇文重教

　　青石甬道，满载岁月的印痕，周铁村人，用坚实的双脚，丈量年轮。天覆地载，日照月临，崇文重教的周铁村，生生不息，新新相续，书写了一个又一个教育传奇。

　　"阳羡状元地，周铁教授乡"。宜兴市，古称"阳羡"，自古以来，这里湖山毓秀，书香氤氲，人杰地灵。据统计，宜兴历史上曾走出4位状元、10位宰相、385位进士。地处宜兴东北、太湖之畔的周铁，在周朝时就已经形成建制，2700年前，因周朝设

周铁村俯瞰图

铁官于此，于是得名周铁。这里也深受宜兴"崇文重教"风气影响，人才辈出。新中国成立以来，周铁走出了2位中央委员、3位全国人大代表、6位全国政协委员和2位工程院院士，目前分布在中国各地的周铁籍教授、高工达531人之多。

　　87岁的程天民是从周铁老街上走出去的中国工程院院士，他曾14次参加核试验，是中国防原医学特别是复合伤研究的开拓者，曾多年担任第三军医大学校长，被誉为"中国的核盾将军"。程老自幼就感受到家乡浓浓的重学之风，即使儿时战乱不断、艰难的求学环境也没能阻挡他对于知识和文化的渴求。

　　"崇文致远""文章与诗礼传家相表里，经济自清心寡欲中得来""欲光门第还自读书积善来，要好儿孙须从尊祖敬宗起"，在周铁张氏祠堂里，关于"诗礼传家"的楹联随处可见。除张氏家族外，胡氏族谱、岳氏族谱上也都清晰地记载着"崇文重教"的古训。"人之本业在勤耕读，勤耕者口食充而服用足，勤读者学业成而富贵至"。正因有了这些古老家风和尊师重教习俗的濡染，这一方水土得以文脉深厚，绵延不断。周铁村的周文兴一家，因为先后走出了8位大学生一时被传为佳话。

周铁人非常热衷于民间办学，兴教助学的义举久盛不衰。从光绪六年周铁乡绅捐建竺西书院到捐建高等小学堂、崇本小学堂、师郑小学、周铁桥女子小学、竺西小学、竺西中学、崇德中学等等，这些全部由周铁地方乡绅出资创办。在周铁有一座看上去十分普通的院落，四合院式的建筑，灰瓦白墙，透着无言的静美，它是现代教育史上苏南地区唯一的农村小学——西桥工学团。它秉持着"工以养生、学以明生、团以保生"的办学理念，招收了附近16个自然村的100多个孩子前来上学。

时钟

风琴

当年学校的创建者承国英为办学，说服了新婚妻子卖掉结婚戒指给学校添置风琴和时钟，还得到了人民教育家陶行知先生的大力支持。

正是被父辈们"兴文助学"精神所感染，杭静梅继承了父亲的遗志，不仅从事了50多年的教育事业，传道授业，而且在1992年退休后，一直坚持开办家庭辅导站，义务为学生答疑解惑。在他的带动下，周围不少老师也纷纷加入，义教之火已成燎原之势，如今周铁遍布着30个义务家庭辅导站，每年辅导学生达200多名。周铁人对于教育总是有着不寻常的热情，从曾经的地方乡绅纷纷慷慨解囊、捐资助教，到现在这种精神依然薪火相传，爱心助学已经逐渐形成一种制度。

周铁设有银燕园丁奖、华仁奖学金、星大圆梦奖学金等8个专项教育基金，此外还有十几个复合型捐资助学、济贫帮困基金，每年的教师节前夕，周铁都会奖励那些勤奋好学、品学兼优的学生和辛勤耕耘、教书育人的老师。在周铁镇敬老院有一位96岁的老人徐洽恂，从1994年开始，为了鼓励家乡的孩子刻苦学习，徐洽恂坚持每学期为学校成绩优秀的学生颁发奖学金。10多年来，他一直无私奉献，一张张质朴无华的老照片见证了老人的助学过程，也真实地记录着老人的博爱情怀。如今，那些曾经受他资助的学生许多都已成才，有些学生还经常到敬老院来看望他。

"流光容易把人抛，红了樱桃，绿了芭蕉。"曾隐居周铁的南宋词人蒋捷的这首《一剪梅·舟过吴江》，至今还在村里传诵。光阴易逝，时光流转，古村的繁华虽然早已不再，但是周铁人兴文重学、崇文重教的精神却不曾消逝，正如村口那棵有着1800多年树龄的古银杏树一样，千百年来蔓延伸展，枝繁叶茂，生生不息。

（本集编导：朱军　摄像：阮健　任红光）

广西壮族自治区贺州
市富川自治县

秀水村

读书明理

　　山明水静，处处鸟语花香。高耸挺拔的秀峰山下，书声琅琅，古老的毛氏宗祠，年方 6 岁的幼童，正在诵读祖先流传的《勉学诗》。家族长者希望用这种方式，从小在子孙们心中播撒下崇尚读书的种子，让毛氏家族绵延千年的昌盛文风得以永续传承。

　　走近秀水村，读书明理的毛氏给我们留下了深刻印象。唐开元十三年，浙江人毛衷高中进士，外放为官，后出任广西贺州刺史。他在上任途中，经过秀水，被奇峰挺秀、绿水环绕的景色所吸引，萌生了来此安享晚年的念头。经历了多年的宦海沉浮，早已厌倦了官场黑暗腐朽的毛衷终于迎来了解甲归田的一天，他不顾舟车劳顿，带着小儿子毛傅及家眷奔赴秀水，在此地安家立户，开启了汉人定居秀水的先河。如今，秀水村毛氏家族已繁衍至 39 代，后裔 3 万多人，留居秀水的亦有 2500 人之多。

　　立村之初，崇儒尚学的毛衷就把"读书荣身"作为宗族思想

勉学诗

状元游

江东书院

传承。"子弟若不读书，无由上望。故秀良者必今就传，则或文进或武达，尔丕振家声"。在毛氏祖先看来，读书不仅是立身之本，也是兴家之道。毛氏后人谨遵先祖教诲，把勤勉读书作为一种家风代代相传。

　　崇尚读书的秀水毛氏，人文蔚起，科甲蝉联。26根高高耸立的桅杆，曾是秀水村毛氏家族引以为荣的风景。"鳌头山，独秀峰，毛家出了个状元公；读书岩，伴江东，吾辈代代传家风"。毛氏族谱中有一人的名字赫然醒目，他叫毛自知，即歌曲中颂赞的状元公。相传，少年时的毛自知非常好学，常一人躲进冬暖夏凉的岩洞苦读诗书，学业日精。南宋开禧元年，在宁宗皇帝主持的"乙丑科"殿试中，气宇轩昂的毛自知以一名策士的身份慷慨陈词，力排众议，坚决主张抗金复国，最终获得宁宗皇帝赞赏，被钦点为状元，授衔承事郎，签书镇东军节度判官。后来，他读书的岩洞便被称为状元岩，成了寒门学子读书励志的地方。穿越历史的烟尘，秀峰山下巍然耸立的状元楼，依然在凭吊这位秀水先贤的奋发苦读。每年农历九月初八，秀水村都要举行一年中最盛大的活动——状元游。家族长者以隆重的

礼仪请出"状元公"，在全村男女老少的簇拥下，绕着 12 个门楼巡游一圈。

小小的一座秀水村，历史上竟先后开设了四所书院，其中的江东书院因师训严、教学精、学风盛曾名噪一方。据《毛氏族谱》记载，江东书院建于南宋嘉定十四年，由归隐林泉的会稽太守毛基所创，是桂东地区最早的书院。为了让族人读书明理，人才辈出，毛氏家族有一条不成文的规定，为官者或是宦海沉浮，或是丁忧解甲，或是赡养父母，都要回族中书院任教几载，一方面感恩家族的苦心教养，另一方面也为家族栽培人才。

"三代不读书，子孙变牛牯"，在毛氏族人看来，读书不仅是为了考取功名、光耀门楣，更重要的是明白事理、涵养品德。要擅长做官，先得会做人。故毛氏先祖列"敬君师"为家训第一条，并将之写入族谱，希望后代子孙永远谨记"重教必先尊师"的道理。时至今日，老师依然是村里备受尊重的人物。

对读书的重视、对教师的尊崇，不仅让秀水村人才辈出，同时也影响着毛氏族人把教书育人看成一种莫大的荣耀。在秀水村走出的 253 名大学生中，有 53 人选择了师范类院校。毛建岾，20 世纪 80 年代初毕业于梧州地区师范学校。作为当时为数不多的师范类科班生，毕业后被分配到了县城小学。然而，家乡情深的毛建岾，却主动要求回到了秀水村任教。在秀水村完全小学，由于师资力量有限，没有固定的语文或数学老师，毛建岾一人经常任教数学、音乐、美术、体育等多门课程。孩子们喜欢唱歌，毛建岾每周都要教大家一首新歌。学校里没有乐器，他就把自己的二胡带到课堂上给孩子们伴奏。虽然教学任务十分繁重，但他几十年如一日坚守在秀水村小学。在毛建岾看来，教育最重要的是教会孩子做人，这才是一个家族千年昌盛、绵延不绝的根本。

（本集编导：瓮彦君 摄像：吕中华）

天津市西青区

杨柳青

留住传家宝

　　杨柳青青，流水潺潺。吹面不寒的和风，驮着金色阳光，穿越历史迷雾，沿着古运河纤夫的足迹，一路点染，为古镇披上了多彩的衣裳。经历了岁月年轮的沉淀和洗礼，地处京畿要冲，南依京杭大运河的杨柳青镇，用它越发娴熟的技艺，妙笔生花，浓墨重彩，绘制出一张张多情美丽的年画，装点了节庆中国的谐和氛围。

　　杨柳青年画，产生于明代崇祯年间。经过数百年的传承与积淀，杨柳青年画以其精美的做工、独特的工艺，与苏州桃花坞年画并称"南桃北柳"，成为中国传统木版年画中最为著名的一宗。杨柳青年画全盛时期，杨柳青镇连同附近乡村，"家家会点染，户户善丹青"。

　　一幅年画的诞生，要经过出稿、刻版、印刷、彩绘、装裱5大工序。每一道工序，都包含着复杂的工艺。"缸鱼"是专门贴在水缸上方的年画，一舀水，鱼儿随波游弋，栩栩如生，既好看又吉利。对漂泊异乡的许多人来说，过年买上一幅杨柳青镇的"缸鱼"年画，既能祈求美好祝福，也能慰藉浓郁乡愁。当然，杨柳青年画不止画"缸鱼"这样的"粗活"，它的内容丰富多彩，形态各异，仅画版就有上万种之多，所谓"丹

青百幅千般景"。祈福纳祥，是
杨柳青年画最基本的特性。《莲
年有鱼》是杨柳青年画的代表
作，莲花寓意连续不断，鲤鱼寓
意富裕有余，至今仍被大家所喜
爱。

杨柳青年画中，还有许多
意义深远的题材，通过故事宣扬
忠、孝、节、义等中华传统美德。
《三字经九九消寒图》，以"佳
人"的口吻，规劝夫君不要荒
废学业，争取功名，光宗耀祖。
《二十四孝图》，劝谕子孙要孝
顺父母，不违父母心志。年画是
重要的中国符号，如果说命运是
电影，年画就是一张张底片，中
华民族之所以能够保持长久的
生命力，和祖先们善用这些"正
能量"的生命底片是分不开的。

杨柳青镇的霍家，制售年
画颇有些年头。不管时局如何动
荡，生活多么艰辛，他们一直
在坚守和传承老祖宗留下的这
门手艺。沧桑巨变，辉煌不再，
1949 年的杨柳青镇，竟然只剩
下霍玉堂创办的"玉成号"在苦
苦支撑。1953 年，在政府的倡
导下，霍玉堂和韩春荣等老艺人

瑞雪丰年

发财还家

耕织全图

欢天喜地

一道组成了杨柳青年画生产互助组，恢复了生产。制作年画很辛苦，不易发财，可霍玉堂的儿子霍庆顺却对年画情有独钟。有时父亲刷画刷到一半时要做其他事，霍庆顺就偷偷地去帮父亲刷。父亲知道后，没有责骂霍庆顺，并将全部手艺都教给了他，成就了霍庆顺的年画人生。霍玉堂的另一个儿子霍庆有也苦心钻研年画制作的传统技艺，凡30年不改其志。为了保存好杨柳青年画的一些古版，霍庆有将自己的家改造成为博物馆，大大小小的年画，挂满了家中的每一个角落。在他看来，这是老祖宗留下来的一张张名片。

在杨柳青民间艺人为保护年画做出不懈努力的同时，一个更为强大的年画保护机构也在一直坚守着这项传统工艺。天津市河西区，天津杨柳青画社自1958年以来，就开始了保护、研究、创作杨柳青木版年画。在这里，不仅珍藏着自明代以来的万幅杨柳青年画以及6400余块古版，而且还有序传承着杨柳青年画的五项工艺。王文达考进画社"年画训练班"，学习刻版工艺，一干就是半个多世纪。古版收藏仓库是他最常到的地方。在王文达看来，这些来之不易的古版中渗透着前辈们的成就，也包含着杨柳青刻版最传统的技法。干了一辈子刻版工作的王文达深知，要想更好地传承杨柳青年画，不仅要传承各具特色的刻版技法，也要传承前辈们做人做事的精神。半个世纪的人生，王文达用刻刀刻在了一张张木版之上。像王文达这样一辈子只做一道工序的杨柳青年画艺人数不胜数。也许在常人眼中，这是枯燥乏味的一生，但王文达却乐在其中，在他的心里，这既是传承老祖宗留下的传家宝，也是他生命中不可分割的一部分。

凭着对杨柳青艺术的热爱与自信，数十年来，无数的杨柳青艺人锲而不舍地传承与发扬着这一技艺。勤于创新的画师们，将杨柳青年画绘成了一道不老的风景。

（本集编导：李然　张小蓓　摄像：王文超）

湖南省湘西自治州龙山县

捞车村

崇勤倡俭

"背纤哥哥光屁股,四脚抵岩眼睛鼓。泥土人,苦中苦,男公妇女舞功夫……东有仙鹅来抱蛋,西有丹凤来朝阳"。一曲太阳河上纤夫传唱的经典的太阳河船歌,引领我们走入了一个有着太阳图腾崇拜的古老山村——捞车村。捞车,土家语中"太阳"的意思。捞车村坐落于湖南省湘西土家族苗族自治州龙山县,现有 419 户,1716 人,其中土家族占 95%,是典型的土家族村落,素有武陵土家第一寨的美称。捞车人以勤劳著称,延续着它不朽的传奇。

捞车村历史悠长,文明久远。五代十国时期,这里是龙山三大土著王之一"惹巴冲"的王城。捞车村有文字可考

土家民居

的历史始于清代雍正王朝，据清嘉庆年间编纂的《龙山县志》记载，雍正七年，也即1729年，曾在捞车村设捞车里，为龙山县十五里之一。捞车村现今保留了287栋土家民居，其中有5栋明代建筑，58栋清代建筑，34栋民国建筑，成为捞车村一道亮丽风景。

"勤劳一日，可得一夜安眠；勤劳一生，可得幸福长眠"，这是捞车村流传的土家族谚语。千百年来，捞车村人并没有将艰苦劳作当成人生负担，而是视为一种磨砺和锻炼，用他们那灵巧勤劳的双手编织出华丽鲜艳的锦绣之花，建筑起机心巧妙的转角之楼，续写着连绵不绝的土家文化。

"人生在勤，不索何获"？捞车村人不止明白这一质朴的道理，而且将之升格为一种精神追求和文化自觉。土家织锦，源自商周，是当地土司向朝廷纳贡的重要产品，经过千百年的

实践探索和技艺改进，已经成为具有浓郁土家族风情、特色的文化象征，是保护和传承的重要的国家级非物质文化遗产。捞车村是土家织锦的发祥地之一。当地有一个习俗，女孩子从小都要学习织锦，到出嫁时，自己编织的全部织锦将作为嫁妆带到婆家。因此，花锦织得好坏，便成为评价一个姑娘聪明、勤劳、灵巧与否的重要标志。"塔卧的米，捞车的女"。这是西水河两岸一句脍炙人口的歌词，夸的就是捞车村的姑娘心灵手巧、漂亮能干。

52岁的刘代英是织锦高手，州级非物质文化遗产传承人。她的织锦与许多人不同，从丝线到染料都严格按照传统的工艺方法制作，保持着土家织锦最本真的风格。每天清晨，刘代英都会先把养的几十只羊放到山上，然后便开始漫山遍野地寻找一种罕见的植物红根，用来给丝线染色。正是凭着从小养成的吃苦耐劳的品质，她获得了丰厚的回报。由于刘代英的作品远近闻名，所以销路很好，除了供应她曾经工作过的湖南省工艺美术研究所之外，还有广东的客商以及许多上门收购的民间艺术品收藏爱好者。天道酬勤，辛劳的付出带给刘代英的是儿子的出息、生活的富足。

捞车村有一句俗语："勤劳致富受人夸，懒惰致贫无人怜。"捞车村人视勤奋为财富，以勤奋为信仰。"团馓"是湘西土家族的一种风味小吃，它的原材料是糯米，洗净后煮熟，再倒入一个用竹片做成的模子内，摇匀、压平成圆饼，然后晾晒，待干后储藏起来备吃。吃团馓时，要用食用色素在上面画上各种吉祥的图案，写上祝福的文字。其中有一个字，是捞车人必定会写的，那就是"勤"字。当地有一习俗，谁家有小孩出生，亲朋好友一定会带上写有"勤"字的团馓去祝贺，祈愿这一孩子将来勤劳兴业，为家增光。

团馓

　　在捞车村，操劳了一辈子的老人们一个个都闲不住，家里家外、田间地头到处可见他们忙碌的身影。已经四世同堂、年届古稀的郭大妹做得一手好饭菜，过去谁家有个红白喜事都会找她帮厨。随着捞车村的旅游度假逐渐发展起来，机敏的郭大妹从中发现了致富的商机，开办了捞车村第一个地道的土家菜农家乐。旅游旺季一天最多要接待100多位游客就餐，那份辛苦就是年轻人都吃不消，郭大妹却应付自如。旅游旺季许多时候和农忙时节重叠，除了农家乐，地里的农活儿也不能耽误，在忙忙碌碌的晚年时光中，郭大妹不仅收获了财富，还从游客们的夸赞中收获了满足。

　　"福石城中锦作窝，土王宫畔水生波；红灯万点人千叠，一片缠绵摆手歌"。一首竹枝词写出了捞车村节庆时的欢乐。山歌悠然，风情逶迤。勤劳的捞车人不怕艰辛，用"拉拉渡"送村民走四方拼搏、闯事业，又用"摆手舞"迎接远方来客，慰藉羁旅天涯断肠人的乡愁。

　　　　　　　　　　　　　　　（本集编导：王彦林　摄像：山峰）

甘肃省天水市秦安县

凤山村

诗书传家

在甘肃天水有一座玲珑秀美的凤山。当地人传说："天外飞来一只凤，千年不去化为山。"坐落在山脚下的小山村也就因此得名凤山村。这里自古崇文尚教、人才辈出，一直有"陇上小邹鲁"的美誉。

在凤山村热热闹闹的庙会上，也可以感受到浓浓的文化气息。传统的乡村庙会不仅有常见的社戏和各种美食小吃，独具特色的农民书画展也是聚人气的地方。世代传承的诗文传统，也使这里成为远近闻名的风雅之地。

在凤山村每一条古老街巷里，随意推开一扇门，就可能会遇到一位擅写书法的老者，或是出口成章的农夫。古风古韵的歌谣在这里经久不衰，因为它积淀了深厚的文化底蕴。相传6000年以前，凤山所在的天水地区是被尊为"人文始祖"的伏羲

庙会上的农民书画展

胡缵宗的早朝诗拓版

的诞生地。伏羲推演出了八卦，建立了嫁娶制度，发明了琴瑟，与黄帝、神农一起被尊称为"三皇"。受伏羲文化的深远影响，凤山一域历来人才辈出，文脉不断。"蒹葭苍苍，白露为霜。所谓伊人，在水一方"。这首中国人耳熟能详的著名诗篇，就诞生在这里。据考证，《诗经》中的五首秦风名篇都出于此地。

凤山先贤中，立德、立功、立言最著名的要数明朝的胡缵宗。至今，胡家的后人仍小心翼翼地珍藏着这位先祖的画像。为官清廉的胡缵宗不仅政绩卓著，更因道德文章扬名后世。传世的古诗传达出胡缵宗心系百姓的情怀，表达了他追思孔孟圣贤、追求政治清明的理想。一次，在去四川赴任的路上，他看到了遭受战乱之苦而流离失所的百姓，就深切地写下了一首《发青神县》的五律。"升平知有日，愁听路人啼"，同情民间疾苦之心昭昭可见。"九天星逐晓云开，五夜花迎紫气来。宸极飞龙启阊阖，萧韶舞凤坐蓬莱"。自胡缵宗之后，9代人中就有20多位文武举人和众多优秀的诗人。今年60岁的胡喜成，是胡缵宗的第13代孙。他从小听着祖先的故事长大，通过诵读前人留下的一首首诗篇，他领会了祖先的教诲，时刻告诫自己要像先辈们一样，成为对国家和社会有用的人。

55岁的付福运是凤山村里的画匠，平日里靠给寺庙画壁画、彩绘为业。他的书法作品功力深厚，非常引人注意。付氏家族历来重视教育，付福运的爷爷就是一位私塾先生，他当年留下的教本，使付福运从小就打下了深厚的古文功底。付福运年轻时报名参了军，当了8年兵的付福运从部队复员后，回到了家乡，凭着能书会画的精湛技艺，做了一名画匠，而从小对他影响深刻的诗歌却始终伴随在他的身旁。在他的书法作品中，不仅有抄录前人的诗词雅句，还有很多他自己写的诗。在他看来，诗歌语言比较精美、精练。它简短，能传情达意。虽然他还写得不是很专业，但是想着能把自己的感情、自己的思想传递给别人，进而影响其他人，他就觉得高兴和自豪。

胡缵宗《鸟鼠山人集》

在凤山村，像付福运一样喜爱诗书的人很多。从村庄寺庙里的一副副楹联，到村民家家悬挂的中堂，诗书传统在凤山可谓无处不在。在凤山村的教育中，读书不是为了功名利禄和享乐荣耀，而是为了明辨是非，成为社会的栋梁之才。温良如玉的诗书让凤山人知书达理、宽厚仁慈，生活豁达开朗、不畏艰难。古村中现有800多户人家，其中就有20多位省市作家协会、诗词协会会员，仅旗杆巷一条街就走出了30位教师。凤山村地少人多，大多数人都以打工、做小生意为生，但是他们都省吃俭用，供养孩子们读书。新时期以来的30多年，凤山村走出了400多名大学生。他们传承着"诗让他们思无邪，使他们贫而乐"的精神，行走在华夏大地上，艰苦创业，移风易俗，宛若一颗颗明亮闪烁的星星，指引和开辟了与时代同行的道路。

沿天水而下，顺凤山而上，有着千年历史传承的凤山村仿佛经历了时光倒流，进入了先人们曾经的生存状态。这种自足逍遥的日子，就是祖先们曾经的耕读生活。

有诗书滋养精神的凤山人是幸福的。无论生活给予怎样的考验和砥砺，他们依然淳朴善良，勤勉坚忍，坚持着对理想的追求，不怨天尤人。数千年来，中华优秀的传统文化浸润着这片土地，滋养着一代代凤山人，诗礼传家。

（本集编导：秦成　摄像：郑磊　周浩）

贵州省黔东南自治
州榕江县
宰荡村

以歌养心

  贵州省东南山区，有一个美丽的侗族村落——宰荡。那里的村民质朴友善，生活简单幸福，男耕女织，怡然自乐，阡陌交通，鸡犬相闻，一如陶渊明笔下的"世外桃源"。

  "饭养身，歌养心"，这是宰荡侗族的一句古语。侗族人喜欢唱歌，用歌表达思想感情，倾诉喜怒哀乐，传承历史文化，他们是一个离不开歌的民族。无论是白天还是夜晚，宰荡随处可听到天籁般的侗族大歌。这种无伴奏、无指挥、多声部的音乐，目前已被列为世界非物质文化遗产。

  侗族大歌的内容非常丰富，有讲述人文历史的，有劝世感恩的，有唱礼俗的，也有歌颂爱情和大自然的。和声是侗族大歌的亮点，也是难点，它要求歌者之间有默契，才能和谐配合。宰荡村最有名的侗歌之家——胡官美一家，不仅有国家级非物质文化遗产的传承人胡官美，而且唱出了央视青歌赛银奖得主——女儿杨秀珠，

侗族大歌

她们还是宰荡村里最有名的和睦之家。全家人把演唱侗族大歌
和声的这种默契与和谐，自然地融入到了日常生活之中，他们
一家三代，互相之间几乎没红过脸、吵过架。"羊羔寻食山坡
上，吃饱青草把歌唱，父母恩情重如山，跪乳赔情热泪淌"。
儿歌讲述了母亲对小山羊有跪乳之恩，让人们记住父母的恩情。
先祖通过儿歌教诲人们要学会感恩，在侗族大歌中有许多这样
的歌曲。侗族人就是这样用唱歌表达自己对家人的真情实感，
通过和声使家庭和睦相处，让村庄和谐向善。千百年来，因有
了侗族大歌的滋润，宰荡人养成了一片淳朴的民风。

　　这歌声吸引了远方的游客，一对来自北京的母女准备在此
生活一年，她们希望在这个偏僻的小山村，一洗城市的纷争和

牛腿琴

百家宴

诱惑，让心灵真正地接受一次天籁般的侗族大歌的净化。在生活中，侗族大歌还有许多功能。村民吴银安，性格憨厚，勤劳肯干，妻子杨义竹勤俭持家，两口子过得还算富足。几年前，两人都染上了赌博的恶习，由于吴银安总是喝醉酒后去赌，所以逢赌必输，家里吵闹不断。后来杨义竹被村里的姐妹们拉入了侗歌队，并常常到家里跟杨义竹一起唱歌。吴银安也被伙伴们拉到鼓楼听侗歌、唱侗歌，在侗族大歌的劝世歌中，夫妻俩明白了勤劳才能致富，一个即将破碎的家庭重归和睦。

宰荡村人热情好客，喜欢用歌声来招待客人。村里来了贵客，为减除客人家家上门吃饭的麻烦，村民们就办"合拢饭"（百家宴），每家拿出自家最好的菜肴、美酒和糯米饭招待客人。

侗族百家宴，小到一家几兄弟，大到一个家族，甚至整个村寨，无歌不成宴。百家宴上的侗族大歌，唱出了睦邻之间的友好和善，养成了村民之间生活步调的一致。

宰荡侗族与其他侗族地区一样，信奉女神萨玛，每个侗族村寨都建有萨玛坛。萨玛是古代侗族的女首领，带领族人抵御外族的侵略而壮烈牺牲，于是各侗寨设坛祭祀。宰荡的萨玛坛位于寨内，建于明末，青石堆砌的坛上长满了茂盛的青草。祭萨前，先由管萨人到坛边一间内供萨玛的小屋敬香敬酒。祭萨时，全寨男女老少都要穿上节日盛装，在管萨人的带领下大声呼喊。随后，村民们在乐队的引领下，开始围着萨坛绕圈祈福。在萨坛边，有几个特殊的人物，用毛巾蒙着脸，不停地抖动着双脚。只有蒙面，他们才能到另外一个世界去召唤萨玛，去呼唤萨玛，去引领萨玛，带萨玛进村寨。为什么腿要打颤呢？它象征着骑马去迎接萨玛来到大家的身边，来到村寨里。祭萨通常在每年的春节期间举行。萨坛前的祈福活动结束后，村民们来到鼓楼前，手拉手围在一起吹笙唱歌跳舞，期盼得到萨玛的护佑，来年风调雨顺，五谷丰登，人畜兴旺。

侗族大歌，如同珍珠滴落玉盘、急雨敲响窗棂、手指叩击竹节，在岁月静好的侗族人生活中泛起了阵阵涟漪，增添了他们人生的无限乐趣。它也拨乱了远方来客的心弦，让他们仿佛看见了另一种生命盛景，绚烂而美丽。那是尘嚣彼岸世界的花开花落，是来自血液与灵魂最深处的悸动，启迪他们反思充满诱惑和魅力的城市生活。

（本集编导：哈敏　摄像：孔万航　袁军）

浙江省台州市仙居县
李宅村
修身齐家济天下

　　修身而后齐家，齐家而后助国。量大则会福大，福大则能家大。这些千年古训，在李宅村人身上得到充分验证。薪火相传、流光点点，那些朴实的族规根脉相承，似是一首经久不衰的歌谣，沁心悦耳，回荡于山涧林野之中。

　　据《乐安李氏宗谱》记载，900年前，李氏祖先李朴父子都是深受传统儒学教育的读书人，南宋年间因避乱来到现在的浙江仙居眠牛山。他们带着那份对安定生活的渴望，及对壮大宗族的责任，制订出了一套"修身齐家济天下"的传家之道，用以规范李氏家族内部的秩序，维系家族的凝聚力。到了明代，李家子弟秉承祖先遗训并有所丰富，形成了李宅村的"十训八诫"。

　　"训"是劝谕，教育族人该怎么做人；"诫"是律令，列出禁止族人所做的事，违反了要受到相应的处罚。"十训八诫"不仅详细地教导李氏子弟如何修身养性，也传下李宅持家为人之道。

　　如今，李宅村有410户，户籍人口1300人。每逢冬至、清明，李宅村人就会在李氏宗祠里祭祀祖先，第17代裔李一翰被村民尊称为都仙公，备受尊崇。明嘉靖七年，李一翰乡试中举，官至都察院左副都御史，负责监察工作，他为官30年，廉洁公正，为民做事，史书中称他"一尘不滓"，至死"囊无长物"。他的事迹也被李宅人列入宗谱，用来教导李宅子弟学习修持身性、勤俭为民的品德。耄耋老人李桂鉴把义务送邮件当作锻炼身体，40年前，李桂鉴退休回家务农，主动担任了李宅村的邮递员，为村民收发信报、包裹。全村的报纸都由李桂鉴负责派送，除此之外，

十训八诫

山上 3 个邻村的信报、包裹也由他管理。现在村里每天至少有 30 多封信件要派发，若遇到村民不在家时，细心的李桂鉴就会把报纸塞进门檐或者门缝里。他工作十分仔细，40 年如一日，从未有过漏发、错发的情况发生，更没有遗失过物件，深受村民赞誉。

李宅人不仅仅注重修身，对持家之道更是有着独特的见解。李宅先人所修订的《乐安李氏宗谱》中"训持家"中详细记载，"持家"同"齐家"，教导子孙要正家风，兴门庭，包括如何主持家务。清道光年间，村民李钟侯经营有方，"置地数千亩，构屋百余楹"，府上五代同堂，他接回寡居的妹妹及外甥一家同住，并分给妹妹一家一个院子，和众多兄弟姐妹住在一起，当时宅子里一共住着1000多人，李钟侯持家有道，家庭和睦，井井有条。这间老宅至今仍保留有110间屋子，俯瞰整个宅子呈规整的"双喜"结构，方正规矩，整体分布井然有序，严谨门风体现了家主的持家思想。先后两任知县曾承禧、曹个臣分别为其亲书"康乐和亲""德厚流光"匾额，更是家声大振。

李宅大家族的持家方式中，有许多是非常特别的。"同吃一桌饭，自是一家人"，村里至今仍保留着吃"合家饭"的传统。一个小四合院一般住着 4 到 5 户人家，大多都是兄妹姐弟，或者叔伯关系，每家都有一个小厨房，吃饭时邻里经常串门，

双喜结构的老宅

谁家烧了好吃的东西，基本都能分享。大家族聚居生活在一起，吃着合家饭，过着康乐和亲的生活，也为村子带来了夜不闭户的纯朴民风。

李宅村的待客之道也与众不同，尤其体现在一道名叫泡鲞的美食中。独特的名字源于他们特别的持家之道，李宅人深知，只有大方待客，宽厚待人，才能广结善缘，兴旺子孙。而这种泡鲞只有在家族祭祀、办喜事、接待客人时才会制作。原因是泡鲞里的小小海鱼，对于并不临海、交通不便的李宅特别稀有，在当地，海产品显得非常的珍贵，除了逢年过节，李宅人平时实在舍不得吃，而每当有亲朋好友来访，餐桌上必定会有泡鲞这道美食，这也是李宅人以礼待客的传统。关于持家的族规，"训交友"中就提到李宅人对待朋友不仅要诚信，同时也要慷慨大方。"父子有亲，长幼有序，朋友有信"，只有家庭成员间相互帮助，家庭才会和睦，扶持他人，才能多交朋友，使家族繁衍生息。

以"十训八诫"为核心的家规，时刻教育着李宅村人以修身持家济天下为行为准则。当下，"十训八诫"歌声仍在飘荡，宛若夜莺轻鸣，聆听中是心灵荡起的启迪，是经久不眠的回声。

（本集编导：欧阳尧　摄像：张军涛　袁磊）

石堰坪村

湖南省张家界市永定区

天道酬勤

清凉薄雾，晨风习习，初升的太阳铺洒金色大地，躬身俯背的人影倒置田野林间，刻出"堇"与"力"的最美一笔。

勤俭生富贵，懒惰出贫穷，这是石堰坪村人信奉的真理。600多年前，明初的大移民中，石堰坪人的先祖从江西一路西行，穿越湖南，一部分人迁徙到了武陵山区的大山中建屋垦荒，耕读传家。因为所处地方有大量石壁，所以取名石堰坪。

最初的石堰坪野兽出没、瘴气弥漫，最严重的是缺少可以提供食物的耕地，于是在这场与大自然的抗争中，勤于劳作的一部分人终于顽强地生存了下来。扎根后，人们深切地体会到了土地所赋予他们的安定与富足，也在丰收和歉收间深深地领悟到只有付出劳动才会有大地的回馈，于是勤勤恳恳地劳作成为石堰坪人与土地打交道的方式，也成为石堰坪祖先们留给后世最丰富的财富。

在村民的家规中，以劳作为要义的"重农桑"被列在前列。"糊仓"的传统便是人们对于田地、对耕种抱有的一种特别态度。"糊仓"是每年春季插秧插到最后一块秧田的时

糊仓

候，主人和参加插秧的人在秧田中相互糊泥的一种特别活动。糊仓这天早上，参加插秧的村民们会被请到主人家中吃一顿丰盛的早饭，为插秧储备体力。而这顿早饭，一定离不开一道主菜，这道主菜其实是湖南西部常见的腊肉，但在装盘的时候，会将最大的一片腊肉铺在整碗肉的最上面，这片肉被称为盖面子肉。只有公认插秧最快的人才能吃这块盖面子肉。在插秧的时候，吃了盖面子肉的人必须插得最快，如果被其他人追上并且把秧苗插到了他该插的地方，他就被关了猪笼。这个传统活动深深地烙下了人们对勤恳耕作的认同。

85岁高龄的全如阶从没有想过停止劳动，在他的意识里，勤于劳动是他在这片土地上立足的根本。虽然有成年的儿子在身边，生活早已不成问题，但他仍然闲不下来。每天早上，他都要为家里人做好早饭，然后下地种田、背柴，忙个不停。即使回到家里休息，他也要忙着打草鞋。不停地忙碌，对全如阶来说，已经是一件能够带给他快乐的事情，而经历这一切，也让他对土地、对劳动怀着深厚的感情。

　　"读书"与"耕地"一样也被视为石堰坪村要做的最重要的事情。辛勤耕作，是石堰坪村人对生存的最基本的诉求，而他们对"勤恳"的更深刻的理解，便是勤奋读书。只有勤奋读书，才能开化乡民，通过读书获取智慧之后，才能懂得为人的道理。强调勤读，也就是要让乡民们知道村子外面的世界，让他们懂得除了家之外，还有国。在村中全氏族谱的章程里，专门在家规列出"勉勤读"，要求后世子孙凡未到能够劳动的年龄，都应该"立志于青云直上，勤心于黄卷之中"。

　　因为身处远离城镇的大山之中，石堰坪形成了一种完全自给自足的社会模式。只有拥有一门手艺，才能寻找到在村庄中的位置和族群的认同。全昱民成为厨师在村里立足，也经历了一番周折。在他十几岁时，与同龄人相比他身材矮小，在比拼体力的乡村耕作生活中，总是比别人更差一点，因此他被村里人冠上懒惰的名声。读书也不是全昱民的长项，中学毕业全昱民没有考上大学。耕地读书都不如人，全昱民发现村子里没有适合自己的位置，于是只能出门打工，随着自己的孩子日渐长大，他决定回到石堰坪村，然而依靠什么在村庄里立足呢？全昱民开始学习烹饪，立志做一名厨师。为了熟练掌握做好石堰坪传统菜肴的技术，全昱民拜了同村长辈为师，每天早起晚睡，琢磨烹饪中的细节、火候的掌握，研究封缸菜在不同时间里的不同口味，不辞辛劳的工作和学习，让他熟练地掌握了石堰坪村传统菜肴的制作技艺。如今全昱民承包了村里的食堂，寻找到了自己在村里的位置。

　　点点秋雨，隆隆夏雷，石堰坪村最茂盛的庄稼拔地而起，丰收之季喜庆而至，这些丰盈不但是物质的富裕，更是精神之尊贵、生命之珍奇，长寿、好学、勤俭、坚毅、安详的收获，也正是中国人讲的大富贵标志。

（本集编导：刘定晟　摄像：王文超　袁军）

安徽省黄山市祁门县

渚口村

教养有道

渚口，古徽州繁华之地，溪水潆洄，环映如锦；背靠成峰，障蔽如城；风景如歌，徜徉其中，犹若画中行。皖南山区的古村落大多聚族而居，渚口村也不例外。全村241户，820人，其中80%以上是倪姓。倪氏家族最早来到这里是在北宋中期，繁衍至今已近千年。如今的渚口，虽已难窥昔日风流盛况，但村中伫立着的一些高大挺拔、翠盖如云的古树，仿佛还在诉说着渚口人代代相传的"守正专一"的故事。

渚口村读书之风兴盛，每年正月都会举办"会文"活动。它始兴于明朝初年，后来偶有中断，近年又复兴了，断续之间，已经绵延有数百年的历史。"会文"时，

倪氏宗祠贞一堂

村里年轻的读书子弟都被召集到祠堂里，由族里富有名望的长辈出考题，学子们当场作文，然后由各房房长进行评判，一决文采品格高低。成绩好的，奖励他四大块猪肉和两对金花饼；成绩差的，亦发与一对金花饼以示鼓励。"会文"主要考查的是孩子们是否用心攻读儒家经典，能否将胸中笔墨化为锦绣文章。随着时代变迁，"会文"的题目和形式虽有所不同，但是"孝亲尊师""待人以礼"等基本信义，依然是渚口村对孩子为人处世的不变要求。

《弟子规》言："墨磨偏，心不端；字不敬，心先病。"在古人看来，心行一体，不可分割。正是在这样的家风熏陶下，渚口村走过漫长岁月，辈辈都出人才。洒扫、应对、进退，从点滴做起，是渚口人的教养之道。渚口人相信这种从小培养的好习惯、好品德，会让他们的孩子受益终生。渚口村中被誉为"徽州民国第一祠"的贞一堂，建于明朝前期，近600年来一直是倪氏家族祭祀、议事以及举办其他重大活动的场所，年轻子弟参与其间，耳濡目染，年长日久，自会受到传统礼仪的熏陶和感染。"贞一"即规范行为以端正心灵，可见渚口人是把"守正专一"作为教子传家的总路线的。

　　贞一堂前摆放的这一对对旗杆石鼓，见证了渚口村历史的辉煌。明代之后，渚口村先后出过5位进士，其中文科进士3人、武科进士2人。这些旗杆石鼓是渚口人的骄傲，也是他们教育子女时的一个个标杆。"贞一堂"里悬挂着一块"大纳言"匾额，礼赞的是先祖倪思辉的铮铮风骨。倪思辉是明万历年间进士，历任户、礼、吏、兵四科给事中，后官至南京户部尚书兼督察院右副都御史。天启年间，皇帝过分依恋保姆客氏，违背礼法，荒淫无度，不理国事。倪思辉不顾个人安危和锦绣前程，径上奏章，犯颜直谏，条陈危害，劝诫皇帝以国事为重。他的这一净言行为惹得龙颜大怒，被贬谪到福建为官。虽处江湖之远，但他依然心忧天下，不改直言本色，又因参当权大太监魏忠贤而被削职为民。倪思辉为官清正，他希望倪氏家族"常生好人、人常行好事"，并将之写进族谱。"做好人，行好事"，至今成了渚口人信守的教子之道。

舞草龙民俗活动

　　"小时拿人针，大了偷人金"，是渚口人教育子女时经常挂在嘴边的一句话。在孩子成长的过程中，发现问题及时解决，有了过失及时纠正，可以起到防微杜渐的作用。叶加强是渚口小学的教师，在学校，他教书育人，在家里，他也深谙教养之道。他不像父亲那么严厉，动辄体罚人。他教育自己的孩子，多采用循循善诱的方式。

　　渚口村保存有一座较为完好的旧式民居，因有一个大厅、六个小厅，暗合古徽州一府六县的格局，所以这座宅院也被称为"一府六县"。宅院的主人是倪望重和倪望隆兄弟。倪望重父亲早逝，家境贫寒，但好学不辍，清朝同治年间考中进士。他不仅勤奋刻苦，也鼓励弟弟倪望隆上进，是一个待弟弟"严而能爱，友而有礼"的长兄。兄弟俩"饿死不如读死"的故事一直激励着渚口村人奋发有为，"兄友弟恭"的事迹，也成了村民们友好相处、互帮互助的榜样。

　　渚口村人传承"守正专一"的"贞一"传统，正己化人，以文育人。它就像绕村而过、奔流不息的河水一样，清澈见底、润物无声；又像大北河畔、渚口村南先祖植下的那棵香樟，根深叶茂，泽被后人。

　　　　　　（本集编导：杨华　陈秉均　摄像：史亚　王一川　王景义）

老樟树

广东省佛山市南海区
松塘村
明理养德

　　金秋十月，阳光明媚。和煦的阳光穿过密密层层的枝叶，洒在松塘村的弯弯小道上，给这个古老清凉的乡村增添了丝丝暖意，徜徉在松塘村的怀抱里，感受着它浓郁的人文风情，别有一番滋味。

　　步上青云路，穿过翰林门，来到孔圣庙，喝上一杯由谷芽和麦芽熬制而成的益智茶，再由德高望重的长者在额头点上一颗朱砂痣，幼小的学童就算开笔启蒙了。几百年来，松塘人的祖先都是以这样一种方式，在他们子孙后代的心里种上文化的种子，期待着他们进学后能努力读书，取得功名，光宗耀祖。

　　800多年前，松塘人的祖先自广东南雄珠玑巷南迁于此，以姓名村，称作"区村"，300年后又改名松塘。明清以来，松塘区氏文风兴盛，小小的一个松塘村，光翰林大学士就出过4位，故人称翰林村。数百年来，松塘村人才辈出，其中奥妙便是承传了崇文尚学、读书积德的祖训。

　　松塘文风的兴起，要追溯到500多年前的明嘉靖年间。村里有一个名叫区次颜的孩子，从小家贫，跟着爷爷外出打工。他在大户人家帮工时，见那家小孩都在私塾里念书，好学的他就偷偷地在窗外听先生讲课，后来被东家发现了。东家见孩子喜爱学习，人也勤奋、聪明，就让他一起读书。区次颜没有浪费读书的机会，数年苦读之后，终于考中了举人，做了大官。区次颜深知，要想家族兴盛，唯有读书一途。

在他告老还乡后，他用一生积蓄的俸禄，在村中兴建了大夫家塾，教授子弟。此后，松塘村文风日盛，人才辈出。凡是中举的区氏族人，虽在外为官，却都心系家乡，捐资兴建学堂。大夫家塾、养正书舍、培元书舍……一个松塘村，最兴盛时办有各种学堂20多座，培养了大批人才。宗祠外的一块块功名碑，书写着松塘村科举的辉煌，成了村民最大的荣耀。

在培元书社里面有108块石碑，原本藏在清朝道光年广州一个富商潘仕成的海山仙馆，那时候有1000多块唐宋八大家的书法石碑。后来，潘仕成破产了，于是被村里人称为区百万的富裕人家区猷修买回了部分。潘仕成的破产给区猷修很深的震撼，富不过三代。这也让他深刻体会到只有依靠文化兴家才可长久，于是修建了培元书舍，并且设法将海山仙馆内的石碑买回了，希望通过石碑上的文章，教育自己的子孙。孔圣庙是松塘村香火最旺的庙宇，每天都会有家长带着孩子来此祭拜，督促孩子尊师重道。松塘村文风兴盛，不仅依赖于各式各样的教育场所。更为重要的，是松塘村人自古以来，都会采取多种多样的方式告诫子孙读书的重要性。祠堂里，区子广请来一名画家，正在仔细研究如何重修村中的一幅古画。这幅画是用来鼓励后代用功读书，特意请人绘制的。"虽无厚产堪遗后，尚有残篇可课孙"，引用了成语"韦编三绝"，借用孔子读书用功，把串连竹简的牛皮带子也磨断了数次的故事，将圣贤之书比喻为残篇。区职修想通过这种方式教育后人好好读书。

家有两斗糠，送儿上学堂。养蜂人家的孩子区然雯在2008年父亲突发重病去世后，为了减轻家里负担，她决定不再读书。可母亲钱洁英不同意，再苦再累也坚持送她上学，因为母亲相信，只有知识才能改变命运。区然雯也不辜负母亲期望，用功学习，从学士、硕士到博士，年年考取全额奖学金，还拿到了澳大利亚墨尔本莫纳士大学的录取通知书。正是母亲的勤劳与执着，

培元书社里的108块书法石碑

成就了区然雯的读书之路，为她以后的人生奠定了坚实的知识基础。

每逢松塘村有学子高中，村中便会设下翰林宴，犒赏学子。摆翰林宴，颇有渊源。松塘村的翰林公区谔良曾被委派到美国做学监，工作出色，获得皇帝嘉奖。回松塘村后，区谔良在宗祠里设下丰盛酒宴，款待和感谢家乡父老的关心和帮助。他还为族人留下对联——古来数百年世家无非积德，天下第一等事业还是读书，提醒子孙后代要读书明理。

浓厚的崇文劝学之风，潜移默化地影响着松塘村。松塘子弟无论身在何方，都会遵循着读书、积德的祖训，明理做人，代代相传。

（本集编导：张小蓓 李然 摄像：王文超）

名家品读

耕读——世代割不断的传承

徐俐

　　耕、读并称，已经足见"耕读传家"传统的时代背景。离开农耕文明的生产方式和社会形态，耕读传家也就失去了根本的物质基础和文化基础，成了一缕值得怀念、追往的历史忧思。

　　但不可否认的是，同样的农耕文明，只有在儒家文化的深度浸染和滋润之下，耕读并重，得以成为中国社会所独有，且数千年延续不断的文化传统。在传统中国，以耕养读，以读馈耕，承载并完成了一个个家庭、家族基因延续和文化传承的双重任务。而且，在社会关系上相对独立的家庭，却作为社会的基本组成细胞，为中国社会、中华文明，储备了充足、健康的物质基础和文化基因。如此深厚的文化土壤，不仅基本完整地延续了中华文明的传统，也滋养着今天以及未来所有生长在这片土地上的奇花异草或参天大树。即使在日渐脱离农耕文明传统，一路向着工业化、信息化，乃至世界一体化飞奔的今天和未来，耕读传家的外在形态或许已经不复存在，但耕读传统依然会以文明基因的形式在人们的精神血液中流淌，在中华文化发展的未来，起到重要的作用，进而决定着中华文明未来的走向和形态。

　　"耕读传家久，诗书继世长"的楹联，经过千百年来的流传，已经成为中国人耳熟能详、脱口而出的"大俗词儿"。尤其近年来，随着国学的再度兴盛，传统文化以及由传统文化衍生的价值观，重新被社会生活所重视和传播，"耕读传家久，诗书继世长"作为传统文化的宣传楹联在大街上随处可见。虽然很多人可能并不完全理解其真实的含义，但耳熟能详本身就是最好的传播和普及，一代又一代后人在"耕读传家久"的楹联所营造出的氛围中成长，耕读并重、耕读互补的文化传统，也就潜移默化地一代代传承。

何以理解耕读传家？孔子曾说："君子谋道不谋食。耕也，馁在其中矣；学也，禄在其中矣。君子忧道不忧贫。"看起来，孔子似乎并未直接提出耕读并行的主张，甚至认为耕读不可并重，而且读书的价值、功用，都强于耕种，因而是君子就应该轻耕重读，甚至弃耕重读。这样的主张，也确实符合孔子本人立志求道而轻视世俗生活的人生观和价值观。但值得注意的是，孔子所言，乃是针对君子，并非世俗意义上的普罗大众。但在深受儒家文化浸染的百姓心中，圣人之言，其实已经通俗道出了读书的重要，而听圣人言，依圣人言行事，已成为普罗大众的言行价值标准，于是，尽管不能如圣人那样"谋道不谋食"，但在谋食的同时也兼顾问道，对于在土地上艰难谋生的百姓而言，已是积极有为的人生态度了。而当这种耕读相伴的生活，固化为大多数百姓的常态或至少成为生活的理想与追求的时候，诗书中所记录、昭示的知识、道理、礼仪、观念，就逐渐渗入和规范着广大普通百姓的生活，中华文化也因此而获得了一种特殊的传播和传承方式。于是，即使在最偏僻的乡野山村，也可能沿袭着最严格的礼仪规范，最不起眼的操持着一日三餐和田间地头的农家妇人，也可能因为诗书浸染而具备内在的修养和内心的高贵。

更明确的言论，是晚明的著名隐逸文人张履祥在其所著《训子语》中所写："读而废耕，饥寒交至；耕而废读，礼仪遂亡"。作为一个终生读书求道，却又在科举路上终生不第的乡村文士，张履祥在圣人的高标准之上后退了半步，却恰好道出了耕读之间的辩证关系。

二

当然，随着科举制度的确立，入仕做官成了读书问学最重要的现实功能，孔子所称的"学也，禄在其中"，也有了比他在世时更制度化的兑现渠道，相应地，耕读传家也有了更功利的价值。《记住乡愁》的第41集，记录了广西秀水村的耕读传统。村中每年一度的"状元游"，既是对家族远祖高中状元的怀念追思，也是对家族辉煌历史的夸耀，更是对晚辈后生的教育和激励。片中记录了村中儿童吟唱的游戏歌

谣： 鳌头山/独秀峰/毛家出了个状元公/读书岩/伴江东/吾辈代代传家风。由稚嫩童声唱出的词句，生动地记录了一次状元及第的荣耀，如何成为不容置疑的榜样，激励一代又一代后辈走上发奋努力的耕读之路，进而成为一个家族足以夸耀于人的家风。

应该说，无论近代新文化运动以来对科举制度有多少臧否，科举制度在中国政治史、文化史上的作用都不容置疑。作为遴选人才的重要手段，科举制度不仅打破了世袭门阀制度的壁垒，开辟了充分且平等地发现、选拔人才的通道，而且打通了下层平民向上流动的上升通道，所谓"朝为田舍郎，暮登天子堂"不是不着边际的呓语，而是一再重演的现实故事，用现在的广告用语格式，就是"你想吗？你也能！"对于万千"田舍郎"而言，这该是何等巨大的诱惑和激励？这样的激励又该多么有力地把那些独具才华又志存高远的乡间才子们，牢牢地吸纳进耕读传家的传统之中？或许会有人批评说，与世俗功名太过直接的捆绑，使得科举指挥棒下的读书问学，成了升官发财的敲门砖、登龙术，却失去了追求真理、探究学问的初心。事实上，科举制度的弊端是如此明显，以至于以"范进中举"为典型，屡试不中的乡村腐儒，已经成为民间戏曲或文学中的经典丑角而被无情嘲讽。直到新文化运动兴起，科举制度更是作为腐朽文化的集大成者，被无情、彻底地批倒批臭，直至退出历史舞台。

但时过百年，站在一个更远因而可能更为客观的立场观察，科举制度在中国历史上的作用仍然不可低估，它已经被某些国外研究者视为中国历史上最平等最有效的人才遴选制度，除了遴选人才的现实功能之外，科举对中华文化传播的有效促进，仍然是其不可抹杀的历史功绩之一。不管读书人如何努力，最终如愿高中的不过万里挑一，而恰是作为金字塔基座的万千读书人，却起到把知识、礼仪、伦理传播开来、继承下去的坚实作用。

同样在《记住乡愁》系列纪录片里，第17集所记录的浙江杭州新叶村，是一个几乎可与广西秀水村形成对照的典型。这个耕读传统深厚的村庄，自古至今只出过一名进士，与秀水村的科举成绩相比，几乎算是乏善可陈。但这丝毫没有削弱新叶村叶氏家族自古以来的读书热情，甚至成了激励他们坚持下去的动力。如今，科举制度早已成为历史的陈迹，但数百年前为改变风水而建的抟云塔依然矗立，抟云塔下的农家书屋，以一种全新的形式和目的，延续着耕读传家的传统。褪去中第升官的功利目的，读书重新回到了求知明理的本来意义。

三

如本文开篇所言，离开农耕文明的生产方式和社会形态，耕读传统其实已经失去了实际的物质基础和文化基础。尤其是随着工业化、城镇化的推进，中国的乡村形态已经发生着巨大的变化。人口，尤其是年轻人口的出走，使乡村出现空心化趋势，乡土文化的传承正在面临巨大挑战；土地流转、兼并基础上的集约化生产，正在逐渐改变千百年来小农生产的基本模式，建立在家庭、村落、宗族基础上的社会形态正在裂变、瓦解。

在这样的社会背景下，传统意义上有形的耕读传家或许已经不复存在，耕读，或者说以耕养读更多地变成了一种文化意义上的坚持，一种已经融入血脉的文化自觉，读书明理，涵养品德已经成为人们共同的行为价值追求。在片中记录的甘肃天水凤山村，吟诗作画成为该村流传千年的文化传统，村民人人吟诗，人人乐诗，诗歌成为村民日常休闲娱乐的重要内容，聚会必吟诗，婚丧嫁娶，祝福贺喜也必是诗歌先行。诗歌不仅留驻在人们口头，诗意更是长驻在人们的心头，凤山村虽地处偏远，但诗歌浸染的凤山村民少有乡村野妇的粗陋之息，人人面目清朗，自尊朴拙，举止安详。正如片中清华大学历史系教授彭林所言："诗歌表达的情感，乐而不淫，哀而不伤，它很中正，我们在反复吟诵这些诗篇的时候，我们的心情会不知不觉被端正，孔子教育学生就是从诗开始。如果一个乡乃至一个国的人，都来受这一很正面的影响，风气必定就好了。"天地间诗书为贵，已经成为天水凤山村民的集体共识，而中华文化及其价值观的世代传承就在如此集体共识中有效延续。

在耕读传统深厚的乡村，读书明理，涵养品德固然是以耕养读的重要价值追求，但考上现代大学，尽早摆脱世代乡村命运，进入现代发达物质文明生活仍是其耕读的重要使命。考上现代大学和古时的科举高中，其意义虽然完全不可同日而语，但无论是浙江的新叶村还是广西的秀水村，考上大学的村中子弟，依然会像古时的状元郎那样，收到村民们的热烈祝福和道贺。在新叶村，馒头代替稻谷，成为村民们对新科大学生的奖励，而不管是稻谷还是馒头，不仅表达了村民们对知识改变命运的奖励，同时也在走出村庄的学子与土地之间，系上了一根永远无法扯断的情感之线。

是土地给予了他们滋养，假以时日，他们也必定给予土地以厚重的回馈。

即使在更长远的将来，中国社会发生更巨大的变化，但只要文化的根脉还在，以耕为代表的物质生产，和以读为代表的文化传承之间，就一定会以新的形态相互结合、适应，并相互促进，逐渐形成耕读传家的新模式。

事实上，一些在城市生活获得了相当物质满足的人们开始返回乡村，在乡村寻找栖身之所，重新开始不以谋生为目的的耕读生活，在"采菊东篱下，悠然见南山"的怡然自得中，重新寻找和发现传统文化价值下更加内在的精神生活。读书，耕作，在天地间养浩然正气，已经成为精英阶层的一种时尚乃至高尚生活。这对传统耕读生活既是更高意义，也是本质意义上的回归：在平凡平静的适度耕作中，在对喧嚣物质生活的自觉远离中，重新回归读书问道的价值体系，重新探求生之意义，活之追求。

精英阶层对乡村耕读生活的向往和回归，正是中国耕读传统的文化基因在现代生活中最直接的继承，唯有传统才有如此的力量，也唯有传统下的文化才有如此的延续。

耕读传家久，诗书继世长。不管世代如何变迁，作为流入中国人精神血液的价值追求，必定世代传承。

第四章 信义赢天下——品行规范

「孝悌忠信、礼义廉耻」，世称「朱子八德」，为宋代理学家朱熹所总结。它是古代儒学的思想精髓，亦是为人处世的基本道德。其中，「信」即诚信，诚实守约，不虚伪欺骗；「义」即道义，公平正直，守道而有为。

古往今来，人无信不立，无义难行。《后汉书》有言，「义信，乃足以感三军而怀敌人，故能克成远业，终全其庆也」；宋曾巩《送赵宏序》亦云：「致吾义信，虽单车独行，寇可以为无事。」可见，有信义的人，能感化生灵，交好朋友，兴家立业，敦睦四邻。

江西省吉安市吉州区

钓源村

节义立家

香樟风中恰合欢，芭蕉雨后正阑珊。斯人已去花不待，庐陵薪火传千年。这个宛如不坠星子的古村落——钓源村，洋溢着颠沛流离后的清新美丽。绿瓦碧甃，小桥流水，香樟淋漓浇春愁，每一抔乡情，都流淌着沧海逝波。

唐朝末年，因避战乱，欧阳氏先人迁居此地，休养生息。胜日寻芳，见水光潋滟，土沃草香，于是借用姜子牙垂钓典故，饰以"钓源"。历经1100余年的繁衍，钓源村的欧阳家族已经发展到很大的规模。150余栋明清古民居，错落有致地散布在村中七口池塘的两岸，彰显了这一家族曾经的荣光和华耀。"以忠事君，以孝事亲，以廉为吏，以学立身"，欧阳氏后人始终遵循着祖先的教诲，在这方静谧的水土守护着先人留下的家业与传统。

在文忠公祠举行"启蒙礼"

　　在钓源村，每当孩子们上学的第一天，都要在长辈的带领下，前往文忠公祠里举行"启蒙礼"。"文忠公"是欧阳家族先祖——北宋政治家、文学家欧阳修的谥号，他的一生以文章节义闻名于世。在纪念他的祠堂里举行"启蒙礼"，既是对他的尊崇，也是教育家族的后人，要以先贤为榜样，传承家族的节义精神。子曰："君子之于天下也，无适也，无莫也，义之与比。"节义之风，自华夏圣人始，万古春秋皆不休。相传欧阳文忠公幼时家贫，母亲教他在沙地上用树枝写字，后来，他身居高位，位列三公，举荐、培养了王安石、苏轼、包拯、司马光等人，开创了一代新文风。"画荻教子"的典故，成了钓源村欧阳家族学童"启蒙礼"之发轫。

　　钓源村至今保留着许多祠堂和牌坊。在村民心中，最让他

们感到自豪的，是一座"忠节第"牌坊。牌坊上的对联"忠节
寸心足万古，文章一字值千金"时刻提醒着后人，文章操守、
节义精神远比中举做官重要。

历史上，村中先后走出 9 名进士，30 多位举人，20 多名
五品以上的官员。载入《明史》的欧阳重，在出任云南巡抚时，
体恤百姓，赈济灾民，减轻赋税，深受黎民拥戴。后来，他不
愿趋炎附势，宁可解佩出朝，奉守乡塾，也要秉持先祖传下来
的节义品德。在欧阳家族的先人看来，考取功名的目的，不仅
仅为了功名利禄，而是获得一个为国为民做事的机会。虽然家
族的子孙后代，很少能够像先祖那样官位显赫，但是无论做人
做事，大都一身正气。

惇叙堂里一大两小三口组成"品"字形的天井

忠节第牌坊

后裔欧阳家祥也是一位节义之士。20世纪30年代，在民族危难存亡之际，他义无反顾地投入保国救亡的战役中。1955年，战功赫赫的欧阳家祥被授予少将军衔，成为一位开国勋将。

欧阳新华是欧阳家祥的儿子。自从父亲去世后，每到重阳节家族举行重大的祭祀活动，他都会替父亲回到家乡。祭祖，不仅能聆听祖先的教诲，是传承家族节义精神的仪式，而且能缅怀家族的先贤，让后人能够铭记在心。在村民看来，欧阳家祥心怀国家，心系民族，继承了先祖节义之志，为家族增光添彩。所以，2014年欧阳家祥105周年的冥诞时，在祭祖大典前，村民们特意为家族的这位节义之士树碑立传，彰显他的丰功伟绩。

欧阳家族还有一座举足轻重的祠堂叫"惇叙堂"。与其他祠堂不同的是，"惇叙堂"里有一大两小三口天井，它们组成了"品"字形。按照封建社会的等级制度，这种祠堂只有家族中出现过著名的先贤才能建造。500多年前，钓源村的先祖把节义作为家规祖训流传下来，后代子孙便在村中最为醒目的地方建立了这个"品"字形的祠堂。此后，族人祭祀祖先、婚丧嫁娶的重要活动，都要在这里举行。代代相传的"品"字，告诫后人须执盈如虚，慎独修行。

在钓源村，随处可见高耸入云的古樟树，这些古樟树散发出的脉脉香气，护佑着村庄的安宁祥和。在20世纪90年代，30多年的樟树动辄可卖几万元，这对年收入才1000元的钓源村民来说是一笔不小的财富。"樟树登登，发子发孙，落叶层层，万古长青"，面对金钱和利益的诱惑，有着节义精神积淀的钓源村村民始终不为所动，保留了村庄的苍翠和清香。

情系故园景增秀，志追先贤品自高。钓源村，犹如泊在赣地的一叶扁舟，欸乃悠然，载着千年来的谦谦节义，我自横流。

（本集编导：宋鲁生　辛青原　摄像：王晨光　郑磊）

重庆市江津区
四合村
诚信赢天下

　　江津古渡,梁州风月,扬子江头星芒依约,斜阳巷口霞光西沉。在商铺林立的尘世,有个上善如水的古镇——四合村,以举世皆浊我独清的傲骨,秉持诚信经营的精神,迎来送往,呢喃着代代相传的故事。

　　四合村三面靠山,一面临江,耕地非常稀少。在农耕时代,大米既是生存之本,同时也寄托着老百姓朴素的信仰。在四合村的村口,屹然挺立着一块"禁卖发水米碑",是清代光绪年间的米帮所立。石碑上明确记载了当时一些不法商贩制售劣质大米的方法,以此提醒来往客商共同监督,任何人只要发现制假售假者,可以立刻报送官府,不法商贩将会受到重罚,永远不得在此地经商。四合村人就是这样的开诚布公,以信立业,不怕自揭其短。如今,这块500多字的石碑,已被看作是中国西南地区保存最完整的古代"打假公告"。

　　烟熏豆腐、石板糍粑、老米酒的香味从遥远的历史中飘荡到今天。"热心人乐做热心事,烫手货不收烫手钱",这16个字已然成为"冯三姐石板糍粑"的招牌。冯三姐做的石板糍粑是四合村最有名的传统小吃。这种看似简单的食物,做起来其

实非常费工费时，上好的糯米要经过两天的浸泡，蒸好之后需
要用芦苇秆搅拌均匀，再用一根柏香木制成的糍粑棒槌打上百
次，芦苇和柏香木的清香让糯米增加了明目清神的功效。成形
后的糍粑放到大青石板上烘烤，就变成了香甜酥脆的石板糍粑。
冯三姐的糍粑每个只卖 2 元钱，这在当地是一个中等的价位。
如今，水、电、煤气的价格都在上涨，经营糍粑店，利润已经
变得非常微薄，不过，冯三姐和老伴儿商量后决定，自家的糍
粑还是保证真材实料，但不涨价。他们就这样坚守着诚信，招
待四方来宾。

　　古旧的对联经历着岁月的洗礼，朴素的道理却永远不会褪

色。四合村的老人经常教育后代，要以真诚之心，行信义之事。诚信不仅是传承已久的规范，更是每一个商家店铺站稳脚跟的基石。在四合村老街16号门前挂着全镇最特殊的一副对联，只有上联"老秤一斤十六两"和横批"天下太平"，没有下联，空缺的下联就像一个高深的谜语，至今无人对出。对联的主人廖明德曾经是四合村唯一的秤匠。匠者工于其器，诚者长乎其节。老秤匠一生以诚信为本，他的秤做工精良，方圆百里的生意人都以他做的秤为标准。廖明德性格耿直，最痛恨别人缺斤少两，遇到别人使用做过手脚的秤，就会大发脾气。一把秤，这头是货物，那头是良心。老人对于诚信的看重不仅体现在秤杆上，秤砣的下面还深藏着一种自律和自觉。老秤匠写下的对联，或许也是在提醒来往路人，秤杆虽小，却衡量着诚信，关乎天下太平，丝毫马虎不得。

"九龄堂"是四合村最古老的药铺，也是十里八乡口碑最好的百年老字号。方联海是"九龄堂"第四代传人，清代末期，方联海的曾祖父方九龄在中山镇创办了"九龄堂"药铺，同时也立下了规矩，诚信待人，诚信卖药。药铺的中药斤两足、成

禁卖发水米碑

九岭堂

色好，诚信卖药积攒的口碑，源于店家对药材与医德近乎苛刻
的严格把关。成渝的秋天，阴雨连绵，空气中的水分容易让中
药材药效受损，只有在阳光的照射下，才能保证草药不发生霉变。
近百年以来，方家的后代一直把祖先的规矩牢记于心。方家药
铺不仅是村里人治病拿药的地方，更是一个诚信的标杆。如今，
方联海还保留着一块祖传的木匾，80多年前，他的曾祖父接待
了邻村的一个病人，这个病人因为没钱治病，已经生命垂危。
方九龄二话不说，立刻免费为他看病拿药。几个月后，治好病
的村民心存感激，特意制作了一块写有"人参"的木匾送到了
方家。这块木匾就一直成为九龄堂的"镇店之宝"。

在四合村，诚信不仅是发家致富的根本，同时也是家庭教
育最重要的内容。对于诚信的守护和传承，在老一辈人看来，
更是一种无比重大的责任。岁月为轴，风雨作纬。四合村，这
个苍凉静默的古村，在滚滚洪流中洗尽铅华，留下的是骄人的
诚信。

（本集编导：李剑峰　摄像：刘春庆　周密）

湖南省郴州市永兴县
板梁村
仁义兴家

　　半塘月色皎然沉落，一泓涟漪在古桥下跌碎万千浮华。湛湛雕梁画栋，攒攒珠帘翠阁，水磨青砖，山岩石板，隔着寂美的古巷夕阳，行走在湘南古村板梁，仿佛仓促间的落雨淋湿了半枚月牙，路过的门楣上森森凉意扑面，古色古香。

　　这个春暖花开的季节里，人们耕读为业，清明淡泊，宁静致远。这不由得使我

们回首话沧桑，珍惜眼前福。

元朝末年，兵荒马乱，刘氏先祖遣散子孙，分门立家，其中一支刘姓兄弟，穷困潦倒之际在当地居民帮扶下，扎根板梁村。勤劳的刘氏兄弟，从给人当小伙计到苦心经营自立门户，再与当地人联姻结亲，终于在板梁村繁衍发达。600多年的发展，33代的延续，板梁村刘氏族人的生息就像一株具有顽强生命力的大树，根脉延伸至周边数个县市，孕育成了346个自然村、8万多人的庞大支脉，青石铺就的2000多米古老街巷，串联着360多栋明清古第，彰显了这一家族的繁华。

为让族裔永远铭记创业的辛苦，刘氏先祖传下了"见利忘义众人嫌，举义行善家业兴"的家训。明朝正统年间，第10代孙刘宗琳,子承父业,靠经商发家。逢临县平江横遭虫祸,庄稼颗粒无收,农民流离失所。刘宗琳仗义疏财,赈济灾民,救民于水火。其大义得到了朝廷旌表,百姓更飨其周礼古宴。周礼古宴最早源自周朝《仪礼》篇中的酒礼章节,用于迎请家族以外成员的重要礼节,筵席通过迎宾、献宾和乐宾等复杂的程序来显示主人的好客和富有。菜肴融合了粤菜、徽菜、湘菜的特色,号称"十碗荤"。丰盛的菜肴,繁复的宴宾礼,显示着乡亲们的热情与敬意,刘宗琳饮誉于乡,光耀了家族,高风亮节。对于古宴曾有过专项研究的学者王明喜认为,周礼古宴之所以能延续至今,与刘宗琳受到朝廷表彰分不开,周礼古宴第一次被作为一种奖赏,用于奖励家族内有义举的成员。

历经数百年,板梁村刘氏家族成员依旧沿袭着鼓励子孙外出创业、分派立家的家风族规。第26代孙刘检廷,和许多在外打拼的板梁人一样,他的成功得益于先辈从商的经验和讲信守义的家风。"以好名为戒,所行善事,每不肯自言"这行摘自于刘氏族谱中的文字是刘检廷时常用来勉励自己的话。在外人眼中,刘检廷是一个不苟言笑、行事低调的人。但热心公益、乐于助人的义举,又使刘检廷这个名字被许多人所熟知。就连

半圆形池塘

他出资数百万元修复和保护板梁村古建筑一事，也是要求村里人为其保密。而11年前他就开始无偿帮扶救助数十位家庭困难的学生完成学业的故事，至今仍是鲜为人知。

逢塘则止，遇塘则住，这是中国南方传统村落的选址方式，在祠堂门前修筑池塘，不仅因为池塘具有排水防火的功能，而且应合了中国传统风水学中"藏风得水"的理论。分布在湘南地区的板梁刘氏家族，都把池塘修筑成统一的半圆形。"月盈则亏，水满则溢"，刘氏先祖将做人的道理用于村中水塘的设计，意义在于时刻提醒族人做人要心怀谦恭，因为天道是谦，唯谦受福。

板梁村人还将"宽以待人，严于律己"作为对全族人的要求。为了让子孙养成爱水、惜水、敬水的生活习惯，板梁村的先祖对村中仅有的水源做了细致的规划，将山泉顺水流的方向依次分成3个区域，每个水池都有其不同的功能和用途。一区为村民的饮用水，二区为洗菜及牲畜饮水，三区为洗衣，流出去的水则用来灌溉庄稼，这样的家规连村中年幼的孩童也能遵守。但年逢干旱，他们又很慷慨大方，决不护水，让生命之泉惠及乡邻。

一衣带水菡苕悠悠，三叠古驿青山依依。山阻水隔，远离了城市喧哗，板梁村人用仁义之心共筑了一个人文毓秀的生活空间。一如那润物无声的双龙泉，静守着岁月浮沉，冲洗着世态炎凉。

（本集编导：王源　摄像：王文超　袁军）

山西省晋中市灵石县

静升村

无信不立

表里山河，脉脉温淌。云中锦歌，碧瓦飞甍。百年风雨拍细了阑干，几度春秋敲瘦了廊庑。风霜间，睥睨岁月横流。静升村，一如黄土地上冉冉升腾的炊烟，针针走绣，编织着漫芜时光；又如太行山下静静繁衍的草木，处处流芳，雕镂着大地

风华。

　　王氏是静升村大族，占全村 8000 多人口的 90%。从空中俯瞰静升村，王家大院很像一块"豆腐"，隐喻着方正为人、义重于利。王家大院始建于 1739 年的乾隆年间，由视履堡、恒贞堡、崇宁堡三个堡构成，三堡相连，形如大写王字，贯通天地人。它依山就势、随形生变，层楼叠院，错落有致。气势恢宏的王家大院，被誉为"华夏民居第一宅"。从珍存的牌坊府邸和精致的雕刻纹饰中，隐约可寻王家族人的鲜活风貌和昔日这座院落的繁华。

　　勤俭、诚信、礼让的晋商精神，在王家体现得淋漓尽致。先祖王实以经营豆腐起家，做的豆腐真材实料，鲜嫩可口，气味纯正。更重要的是，他的豆腐绝不会缺斤短两。王家大院宅基地的好风水，传说是一位当年病倒街头的老人专门为报答王实救命之恩而相中。起初，王实家贫，无资购买，但静升村人感动于王实的诚实守信，为他保留了这块地。后凭着踏踏实实做豆腐挣下的钱财，王实终于买地建宅，在静升村扎根下来。这里后来被称为"王家巷"，实心待人、诚信持家的家风也随

着古巷一代一代传了下来。

富甲一方的王氏家族，到清朝乾隆年间已经成为晋商中举足轻重的一支，靠的居然是这样一条生意经：学吃亏。这块匾额作为家训挂在王实第16代孙王世泰的院子里，王世泰很有经商头脑，秉持"吃得近亏，赚得远利"的家训与商道，发家兴业，生意红火兴隆。清朝嘉庆年间，黄河以东的榨油生意几乎都为他所打理。他家大业大，却克勤克俭，不贪求暴利，常言"吃亏是福"。他每卖一斤油，就多添五钱，看似是做亏本买卖，却引得周边的人竞相购买，造就了王家的商业传奇。同是王家第16世孙王寅德与朋友在天津合伙做生意，后来朋友去世了，他却不独霸资产，而是按原来的协议将钱如数分给朋友家人，绝不侵吞一分。

像这样的故事族谱上还有很多，第20世孙王廷仪，33岁做了天津三大当铺之一的"恒源当"总经理。相传他当小学徒时，约守当期，分厘不争。有一天，店铺里来了个洋太太，相中了一只翡翠镯子，愿意高价购买。由于还有一天才到当期，王廷仪借找不到钥匙进行推托，没有交易。第二天，当客来赎手镯，王廷仪原物奉还，不为赚钱而失信于人。"无信誉，恒源当何以恒久"！遵信守诺的王廷仪赢得了大伙的赏识，奠定了事业的基础。

诚信不仅是王氏家族的家风，也是整个静升村的村风。"利润低点咱不怕，货真价实不出格。诚实守信最重要，天长地久回头看。"这是老字号月饼店"天长久"信奉的经营之道，吴家经营糕点业已经上百年了，最出名的就是这手工月饼。花生、芝麻都要用擀面杖细细擀制，将其中的香味释放出来，加上熟面、红糖、白砂糖、玫瑰油，构成了月饼的馅料，当地人称为"五仁月饼"。每一种原料都要仔细选择、在数量的配比上也有严格的规定，除了精细的配料，最重要的是保持馅料的新鲜，吴

"天长久"老字号月饼

家有一个规矩，当天做的月饼必须用当天的馅料，让客人放心、安心，赢得了百年声誉。

汤汤大江流日夜，拂面春秋，诚信静升，不改波澜。过去的静升村"力田者稀，服贾者繁"，静升商人的经商理念，源自于王实的坚持诚信，也源自于每一个人的坚持修身克己。

静升村的人们为了纪念王实，创立了全部用豆腐制作的豆腐宴。各式各样用豆腐烹制的菜肴，色香味俱全，村里的大小节日、庆典来临时，村民们都会到饭馆定制豆腐宴，特别是有远方的贵客来访，豆腐宴更是成为招待客人必不可少的一项议程。清炒豆腐，寓意着清白做人；糖醋豆腐丸象征诚实做事；小葱拌豆腐体现一清二白。

静升村的五里长街，曾经云集着南来北往的商户，钱庄当铺、估衣古玩、粮面盐油、炉食糕点，高档裁缝铺，有满储红漆嫁妆的木匠铺，有卖膏药补丸的药材铺，有技术精良专做首饰的银匠铺。如今的静升村，无论是百年字号还是手工艺人，他们彼此熟悉、彼此信任。晋中的王氏老宅，生活就如同手中诗卷，意蕴悠长，诚待四方。

（本集编导：冯海芸　摄像：王文超　袁军）

浙江省丽水市松阳县

杨家堂村

修仁心，行仁义

　　古木香樟影徘徊，碎石小径自嶙峋。苍林深处声清啭，壁衣晨光蘸墨痕。画卷中的胜景江南，诗歌里的吴地松阳，文人笔下的无限风光，一切都氤氲显露在了宋姓杨家堂上。20 余栋沧桑的马头墙，是古村繁华、风雨相依的写照。

　　杨家堂村本无杨姓，它的得名缘于口耳相传的一个美丽错误。300 多年前，这里樟树交错簇拥，浓荫遍地，所以取名樟交堂，后因地方口音雷同，慢慢就被称为杨家堂。清代顺治年间，因此地木材丰盈，宋氏族人来此建屋定居。带着对樟木的无尽感激，他们世代拜村口老樟树为干娘。

　　宋氏家族第 4 代，出了一位大仁大义的宋宏堂，精于做木材生意。一日，宋宏堂挑柴去县城卖，行至半路，遇火热太阳暴晒，于是进凉亭短暂休憩，意外拾得 2000 两银票和一些银两。宋宏堂并不贪心这非分之财，一直在凉亭守候失主，直到看见一位满面愁容的衢州商人，知是他丢了包裹。宋宏堂将捡来的钱财悉数奉还，不取分毫酬金，感动得商人潸然泪下。在衢州商人的邀请下，宋宏堂跟随着他一道经营木材，终于发家致富。发迹变泰的宋宏堂谨遵祖先教诲，生活上仍然省吃俭用，

而将积攒的钱财用来为村民造桥梁、修道路、做船渡，为后世树立了榜样。

宋氏宗祠中还供奉着一位具有高尚医德的先祖——宋德焕。清道光年间，松阳县突发瘟疫，宋德焕四处行医，所到之处药行病除。他的医德感动了老百姓，纷纷出资为之建造起了一座中药楼。他的儿子宋凤飞宅心仁厚，继承父业，每天早晨起来，先要绕村巡视一圈，看到家家烟囱都在冒烟，他才放心，否则一定要上门问讯。遇生活困难者，他行医送药，分文不取。

如今药楼早已崩塌，残垣断垣之中，再难寻觅宋氏父子行医身影，但他们的医德百世流芳，至今激励着在外行医的宋氏族裔回乡义诊。

《培祖茔》规定："坟山，祖宗所属，子孙荣辱攸关，须宜保护龙脉，篆养荫木。"宋氏虽以开山伐木、制造板材起家，但子孙历来重视山林的休养生息，希冀与自然和谐相处。宋世和是宋氏家族第19世孙，长年累月地温习墙头镌刻的"治家要有仁爱之心，行事应遵正义之道"家训，省身践行，而立之年开始专注野生鸟类摄影，通过抓拍动物之美唤醒人们的护生意识。7年来，他共拍摄了300多种野生鸟类，多次获奖。因为爱鸟、护鸟，他被当地人尊称为"鸟王"。

第22代孙宋仁鉴出外经商多年，不忍心看着宗祠日渐颓败凋敝，毁于无形，毅然返归乡里修葺。他希望能用这一行动，为家族保留下"仁义"的精神传统。

修仁心，行义事，在杨家堂传承了300余年。村前那棵香樟，牵挂着游子们的衣角和心弦。在仁义之泉的滋养下，古樟不老，年年倾盖，四时风华，荫佑一辈又一辈的宋氏儿女，将仁义施向四方。

（本集编导：曲宗波　摄像：李铁华）

宋氏家规十则

浙江省宁波市宁海县
龙宫村
义行天下

　　"百尺龙槽势蜿蜒，钓徒曾向此间眠。山高亭舞无天日，只听涛声起耳边。"风景秀丽的龙宫村位于浙江省宁海县深甽镇，村前有山，蜿蜒曲折，宛若蟠龙。村南有潭，处悬崖峭壁之下，潭水清澈，深不见底，阳光下碧水生辉，犹如水晶宫。西南还有一条大峡谷，林深草幽，鸟鸣空谷，颇有一番野趣，惹人神往。

　　龙宫村居住着"义门陈氏"后裔，义门陈氏又称江州陈氏，发源于江西省德安县。832年，江州陈氏的祖先陈旺因为当官而在德安县太平乡置业，自陈旺开基以来，陈氏家族以勤俭耕读传家，孝义相处，历时300余年合族而居，延续唐宋两朝，人口最多时达到3900多人，可能是中国古代社会中人口最多合居时间最长的大家族。以孝义著称的江州陈氏家族多次被皇帝旌表为"义门"，唐僖宗李儇御笔亲题"义门陈氏"，并赐联"九重天上旌书贵，千古人间义字香"。然而家族过于庞大，便给统治者带来了危机，1062年，宋仁宗以陈氏孝义太盛，散至各地作忠义典范为由，颁旨将义门陈氏分为291个村庄，遍布全中国16个省的125个县，从此"一门繁衍成万户，万户皆为新义门"。分散在各地的"义门陈氏"后裔，皆以"义"作为治家格言，在义门陈氏忠义孝悌的感召下，江南人家平纠纷、净争讼，呈现出一派耕读升平的景象。

　　龙宫村陈氏子孙，一直秉持着"义字当头，仁行天下"的信条，涌现许多义人义事。据陈氏家谱记载，陈氏先人陈太丘德才兼备，一生做了无数善事义举，他的故事被

后世广为传颂，成语"梁上君子"，便出自陈太丘的故事。陈氏族人立下家规，凡陈氏后人，品德高尚、行义推善者，皆可以"太丘遗风"颂之。

"延康斋"为陈氏后裔陈状谟所开药店，建于清嘉庆年间，如今被龙宫村人称为药店道地。200年来，陈状谟一家五代40余口人子孝孙贤、坚持为族人义诊送药，传为佳话，后来族人做了题为"五世同堂"的匾额，用以表彰陈状谟一家的义行。

在龙宫村，年满7岁的陈氏子弟都要入育英书院行启蒙礼。这意味着，这些孩子即将开启蒙昧，明白事理。启蒙礼从行礼仪开始，通过学习中国传统礼仪，让孩子们懂得表达感谢和敬意。在启蒙礼上，老师除了要宣读陈氏祖训，还要带领孩子们朗读关于"义"字的诗礼名句，让"义"字扎根在孩子们心中。 育英书院又叫崇德堂，始建于清道光年间，至今已有近200年历史，在育英书院的大堂上高悬着一块匾额："继武太丘"，这是为了表彰育英书院的创办者陈锡升所立。龙宫村的子弟们一代代在这里接受免费教育，兴办"义学"之风也在龙宫子弟中代代相传。

每到周末，龙宫村陈氏宗祠内热闹非凡，村里的老人们都聚集在古戏台前，观看国家级非物质文化遗产项目——宁海平调的绝活"耍牙"表演。台上的精彩表演让老人们看得如痴如醉。除了看戏，龙宫村的老人们每天都会在祠堂内聚集，打牌、下棋、写字绘画，老年生活过得愉快充实。而这样的生活得益于一个人——陈小法。20世纪90年代陈小法因为开办工厂赚了些钱，看到村里的老人们文化生活贫乏，他便萌生了为老人开办老年协会的想法，他拿出数十万元钱重新修缮了祠堂，并买来麻将桌、棋牌桌、电视机和各种体育设施，定期为老年人组织活动，让他们在这里安度晚年，老人们为了表彰陈小法的义举，特意做了一块"乐善好义"牌匾挂在祠堂里。

三岔路口中的"义眼"

"义眼"

　　义门文化，不仅被龙宫村人记在宗谱里、刻在牌匾上，更融进了龙宫村的街巷格局，渗透到了龙宫村人平凡的日常生活中。龙宫村的道路没有十字路口，全是三岔路口，路口中间必定会有一小块被村民称为"义眼"的圆形石头。任何一个陈氏子孙来到这里，看到"义眼"，就如同回到了自己的家，因为龙宫村民一定会像亲人一样招待懂得这个标记的人。

　　夜幕降临，河灯点点。先祖"义字当头、仁行天下"的教诲，如同盏盏美丽河灯，闪耀在龙宫村陈氏子弟心灵，照亮了他们远航之路。

（本集编导：韩玲　摄像：王文超）

　　世事沧桑，人生如梦。走过风雨百年，古村依旧繁华。濯水村坐落在重庆黔江东南方，集土家吊脚楼群、水运码头和商贸重镇为一体。村中集市上伫立的"天理良心"碑，历经岁月洗礼，越发精彩照人，它就像一位睿智的老人，为来往穿梭的商人指点着商业迷津；又像一位经验丰富的舵手，引导商海冲浪者不迷失远航方向。

　　濯水村交通便利，因商而兴。迁居濯水的汪氏，世代经商，他们秉持"创业为本"祖训，创造了一个个商海传奇，发迹成了村中的世家大族。汪氏鼎盛时，濯水村临

烟房钱庄发行的钱票

"找补券"

水而建的街道中有一半以上商铺都为他们而开，被称为"汪半街"。因此，在汪氏族谱中，最为核心和重要的就是商业经营的各种规矩，汪氏先祖们在"创业为本"的族规之下又制订了繁复的家规家训，将"诚信经营"的信条编写成八句诗句，传诵至今："何为信，言不伪，假言假语人必非。久要不忘只因信，鸡黍相约伯与卿。尔若不信人亦诈，相率为伪坏后人。我劝儿孙言要信，平伸称久敬于今。"汪家这些家规从不同侧面诠释了"诚信"的含义，也给后世子孙树立了经商创业的道德准绳：

一定要诚实，讲承诺，相互信任，清清白白做人，老老实实做事。

濯水村至今还保留有汪氏家族三大院落，先主汪世富在20世纪30年代是濯水工商业的杰出代表，生意做到了湖南、湖北、贵州、安徽等地。汪世富财力雄厚，诚信经营，信誉良好，赢得了人们信赖。他曾在濯水开办烟房钱庄，除办理存款、贷款业务外，还发行钱票。民国时期货币恶性膨胀，国民政府发行了很多大面额的钱币，给濯水商贸，特别是贸易结算带来了极大不便。于是，濯水商号们商定发行一种"找补券"，专门用于大钞在使用中的找补。不过，找补券并不是谁都能发行的，每一张找补券上都必须要有汪世富的印章才有币值。正是因为汪世富重信守诺的操守和品格，只要是烟房钱庄发行的钱票，在濯水当地，甚至濯水周边村镇都可以自由流通。这成功化解了一场商贸危机。风雨百年，烟房钱庄早已成为历史，可是汪氏一族的后人一直践行"清白做人，诚信做事"的族规。

濯水村还有一处名叫"龚家抱厅"的大宅院，宅院中有一块"乐善好施"大匾，被濯水人视为至宝，传承至今。这块牌匾的主人名叫龚明理，他做事情重承诺讲信义，在濯水享有很高威望。龚明理早年是一个小商贩，每天在濯水周边的村庄卖糖粑为生，渝东南地区多山，很多时候为了多卖一点糖粑，他需要翻山越岭，很是辛苦。有一年冬天，天寒地冻，龚明理去濯水周边山上的村落里卖糖粑，那天生意很顺利，卖完糖粑后，他在村子里换了米，装满了背篓，可是，等他下山的时候，天黑路滑，出了意外，米倒到了地下。他很珍惜粮食，连雪带米一起背回了家，并暗暗发誓，有钱了一定将路修好，方便大家出行、赶场。从此以后，龚明理就更加努力挣钱，几年后，他的生意越做越大，他信守对自己的承诺，在当年的山上修了两条路。他还告诫子孙，诚信经营不仅仅是不缺斤少两，不欺诈顾客，更重要的是要对得起自己的良心，不能只想着挣钱，要多做善事。

　　如今，重庆濯水村一共有 1000 多户，4900 多人。村里大部分人家都以经商为生，商贸活动虽然频繁，可是商家和顾客之间极少发生矛盾冲突。事实上，在濯水，诚实守信已经成为整个村子的族规信条，不仅村民之间要坦诚互信，他们甚至严格遵守与树木之间的约定。村中有一棵"幸运树"，也叫"救命树"，在 1982 年黔江县遭遇百年一见的特大洪灾中挽救了 9 条人命。其中一位姑娘叫张晓红，那年她刚满 12 岁，眼看着洪水越涨越高，房屋不断倒塌。突然，她和弟弟也被卷入洪水当中，越冲越远，就在这个危急的时刻，姐弟俩的衣服竟然被村口一棵树的树杈牢牢挂住，经过一天一夜后终于得救。和姐弟俩一样幸运的还有 7 个人，他们都被这棵树所救。此后，村口的这棵树就被称为"救命树"，时刻启示着濯水人植树造林，保持水土。因此，村民们也自发签署下"诚信承诺书"，不滥砍滥伐，还濯水森林以郁郁葱葱。

　　清白做人、诚信经营、重信守诺，濯水人坚守着这份祖训，并将它世代传承下去。我们有理由相信，濯水村的明天，一定会更加枝繁叶茂、青翠傲人。

（本集编导：任伟娇　摄像：刘春庆　袁军）

山东省济宁市邹城市

上九山村

诚信立业

　　上九山村，距孔子故居 50 公里，距孟子故居 30 公里。它始建于北宋初年，至今仍然完好地保存有 300 多座明清石屋，村庄周围被九座群山环绕，故名"上九山村"。村里石板小路悠长，水塘青苔遍布，古老奇特的八角井，斑驳参天的老楷树，一切都显示着村庄的历史悠久、文化绵长。上九山村每一棵大树都有一个故事，每一间石屋都有一种精神，行走在上九山村，仿佛在进行一场穿越时空的对话。

　　郑姓是上九山村的大姓，全村 1200 多人中大部分都姓郑。郑氏子孙的婚礼是这

婚礼信物

个村庄一年到头最热闹的大事。在上九山村，婚礼信物通常要由村里的长辈、父母双亲，或村支书出面展示，一块上九山随处可见的页岩石，成为这个家庭组成之初的契约信物，寓意心口合一，心心相印，实心实意。如今，从上九山走出的年轻人，即使已经在城里安家立业，也大多选择回古村举行婚礼，到村北面那棵2000多年的老楷树下祭拜天地，感恩先祖。相传老楷树与孔子得意门生子贡颇有渊源。公元前479年，孔子去世，子贡缅怀老师恩德，从南方移植了一棵楷树，要栽种于孔子墓前，经过上九山时，天降大雨，楷树滑下马车，折断的树枝在雨水的滋润下，长成了参天大树。明朝洪武年间，郑氏祖先从山西奉旨东迁，看到这里竟有儒家圣贤风范的楷树，于是在此安家，希望诚信经商的"端木遗风"能福荫子孙。楷树有枯荣，风范传世长，如今郑氏子孙大婚之后都会前来祭祖，正是为了牢记"至诚至信，方能根深叶茂"这一祖训。

　　农耕时代，郑氏祖先选择在上九山村定居需要极大勇气，

因为层峦叠嶂的"牧山石海",土地贫瘠,无法单纯靠天吃饭。好在地处邹县、凫山、鱼台三县交界处,交通便利,因此上九山村祖祖辈辈出了很多经商者和手艺人。其中,"赊小鸭"这一传统产业曾在古村盛行百年不衰。赊小鸭,顾名思义,就是卖了小鸭先不收钱,而是在本子上记下名字和钱数,等秋后再上门结账。过去庄户人手里没有现钱,小鸭养半年就能下蛋,用鸭蛋可以换些盐米钱,生活便有了滋味和盼望。正因为如此,没有人愿意要公鸭。而上九山人不仅要把小鸭赊给陌生人,还要保证都是母鸭。最鼎盛时期,上九山村曾开有二十几处暖房,村里的成年男子几乎全部在外赊小鸭。他们最北到过东三省,最南到过浙江一带。村里的大队对赊小鸭有十项规定,特别是第五条讲诚信,公就是公,母就是母,不能说假话,不能赊假账,这样才能取得人们的信任。这种以"信"字为特色的贩售方式,不仅让上九山村的老老小小几乎没饿过肚子,而且还使"上九"和"诚信"二字紧紧连在一起,并声名远扬。

上九山村还流传着许多诚实守信的故事。"郑氏家训,父慈子孝,爱及他人,夫妻和顺,亲善四邻,兄弟次序,唯贤是尊,至诚至信,叶茂根深。"76岁的郑义昌是古村郑氏家族中辈分最高的族长。春节临近,郑氏子孙从四面八方齐聚到古村的六合院,重温郑氏家训,续写郑氏家谱。郑义昌从小在六合院里长大,"六合院"最早住着弟兄六个,他们一边种田一边做生意,因诚实守信,童叟无欺,故家族兴旺,如今仅仅是从六合院走出的后代子孙就有150多人,是上九山最大的望族。郑义昌至今还记得他的大爷爷亲身经历的一件事。他的大爷爷是个磨刀手艺人,腊月的一天,大雪封门,大爷爷却背起行头,踏雪出门,只因为他和附近村里的一户人家口头约定,这一天要上门磨刀。大爷爷晚上回来后病倒了,但他诚实守信的精神却深深地印刻在了郑氏子孙心里。

暖房

在上九山村的老学堂里,至今仍保存着《论语》《孟子》等古书。在孔子看来,人不讲信用,就像车没有轮轴一样,在世上寸步难行。而孟子则进一步阐述:"诚者,天之道也;思诚者,人之道也。"诚信是天地的根本法则,"追求"诚信,是人的基本准则。诚信观念,超越历史和时代恒常,在上九山延续不衰。

如今村中时常响起老庄户人声声断肠的拉魂腔,传唱着《王汉喜借年》《梁山伯与祝英台》等信守诺言、彼此忠诚、至死不渝的爱情故事,古村人百听不厌。诚信、仁爱、孝道精神早已通过拉魂腔的一唱三叹,深深地融汇在了听戏的上九村人心里。

(本集编导:林海燕 王金明 摄像:张华宁 孙鹏)

云南省迪庆自治州
香格里拉市
汤满村
诚实守信

雪域高原，静谧如梦。山坡上散落的藏式民居墙上，闪耀着和谐的米色阳光。汤满村坐落在距离香格里拉县城 40 千米的山谷间，平均海拔 2800 米。379 户人家依山而居，分散在不同的村寨里。村中主要是藏族居民，他们种植玉米、小麦，也养殖少量的牛羊。

村口的三座白塔是村里人信仰得以安放的地方。伴着袅袅升起的烟雾，雪后的汤满村人，正在用圣洁的松柏枝虔诚地祭奠天地诸神。一些身穿精美藏装的老人，一圈圈地围绕白塔走着。其中一位老人，在作煨桑。煨桑是藏族祭天地诸神的仪式，用松柏枝焚起烟雾，据说在煨桑的过程中产生的烟雾，不仅使凡人有舒适感，山神也会十分高兴。因而当地人以此作为一种祈福的方式，希望山神会降福于敬奉他的

人们。老人身着正装，似乎有什么事情要在今天发生。原来他的孙女今天就要出嫁了，三代人之间，相隔整整半个世纪的时光。他的指尖捻过早已光滑如玉的珠子，口中念念有词，正在期盼着自己的祝福能穿越时间壁垒，圆满地降临在即将出嫁的孙女身上。他纵然舍不得自己珍爱的孙女出嫁，但这是挡不住的人生的步伐。老人送给孙女的，是自己70年人生经历凝聚的感悟，并教育她孝敬老人，和睦亲友，诚实守信，无论站在什么地方，都像雪山一样受人敬仰。

英国作家詹姆斯·希尔顿的一本《消失的地平线》，让这片宁静的世外桃源格外为人瞩目。但是现实生活总是会摒弃掉浪漫的面纱，以它艰难、真实的面目呈现于众人。而穿越滇西南茶马古道上的马帮，无疑就是这艰难生活的真实例证。人与人之间的诚信，则成为简明扼要的生存之道。一撕两半的两块布，在陌生人的手中辗转他乡，天各一方，以此为凭。最终有一天，它们相聚，带着不同的体温，带着不同路途上的灰土烟尘，两道毫无规则可言的条痕，就这样严密地重合在一起。那一瞬间，捏着布头的两只手紧紧握住，两张满是风霜的面孔，露出了笃定的笑容。这是一单生意的信物，也是两个陌生人之间的信赖。不管过去几代人，原来的承诺必须兑现，这是千年不变的诚信见证。

不仅如此，在茶马古道上谋生，处处充满了艰辛凶险。历史上，马帮一直是中甸，也就是今天的香格里拉通往外界的运输主力，村村寨寨都有马帮。赶马的人被称为"马脚子"，马帮负责人被叫作"马锅头"。马帮规矩严格，有专人负责敲铜锣，以锣声长短缓急和声数为号令，长途运输时，马帮必须联合行动。领头的骡子叫头骡，脖子上挂有大铃，二骡挂有串铃。三四百匹马队穿行在山间蜿蜒曲折的驿道上，场面非常壮观。然而在这么一个艰辛的古道里，需要的就是马脚子人和马锅头之间充

分的信任，相互配合。自然环境的残酷恶劣，让奔波其间的人懂得诚恳互恤，荣辱与共。正因为在这样一种诚信的基础上，这条茶马古道才延续了千年而不衰败。

香格里拉人口密度为每平方千米10人，是云南省面积最大、人口密度最小的市县之一。在这里，人仅是自然界中一个不起眼的生命，它既没有数量上的优势，也不见得有更强悍的生存能力。因此，如何与自然和谐相处也成了这片广阔区域里人们深思和探索的生存之道。他们敬畏自然，以谦卑的方式寻求与

自然界中诸生物的和谐相处。关于人与黑颈鹤的关系，有一个
传说。在几千年前，人们为了不让黑颈鹤破坏庄稼，想办法把
它捕获了。但捕获了以后，又于心不忍，就与黑颈鹤之间做了
一个约定，在它的头上插上三根人的头发，以示与人同类。从
此黑颈鹤不破坏庄稼，人类也信守了自己的承诺，不再去伤害
黑颈鹤。他们用诚挚之心遵守互不伤害的承诺，感化了破坏庄
稼的黑颈鹤，达成了平等共生的生存共识。

　　在汤满村，铺满山坡的1万多亩高山松是全体村民的生存
依赖。每年，每户人家砍伐树木的数量是有限制的。在这里，
没有人敢超越底线。每年一度的诚信誓言，对于外人而言，似
乎是一场表演。而对于汤满村布苏村民小组来说，则是一次生
命的盛大契约，是个体生命对整体生命的契约，更是一次心灵
的、特别的、连根养根仪式，是儒家"诚者，天之道也；思诚
者，人之道也"的藏地表达。因为诚，我们的心有根。因为信，
我们的心有枝。因为诚信，我们的生命枝繁叶茂。

（本集编导：周朝永　摄像：任红光　孙鹏宇）

名家品读

信义赢天下——品行规范

俞虹 李蕊

　　生活在这样匆匆而喧闹的时代，如果我们不用心去体悟生活，很有可能会在奔忙中，忽略了生活本身，忘却了远方的山，天边的云，甚至淡漠了凝结着根脉的乡愁。什么是乡愁，它是故乡的土，记忆中的一条河，抑或是日渐远去的那一片云？

　　央视纪录片《记住乡愁》试图告诉我们，乡愁，它不只是故乡的那一片土，而是故乡生活着的那一群人，那一份对文化的牵系，对传统的追思和怀念。乡愁不仅仅是个人的记忆，它更承载着一代又一代传承下来的文化之根，哪怕在历史变迁中它们只剩下了只鳞片爪。

　　因此，该片带我们把目光投向了一系列的古代村落，这些村落正在经历时代的变迁、金钱和市场的冲击，以及文化传统的艰难传承。主创者试图带我们回到那一片土，那一群人，那散落的文化，以及日益斑驳的传统。

　　《记住乡愁·第一季》第四章，主题是"信义赢天下——品行规范"，它分别通过钓源村、四合村、板梁村、静升村、杨家堂村、龙宫村、濯水村、上九山村、汤满村9个村落，集中探讨了诚实守信、节义传家等传统文化道德品格传承的话题。9个篇章围绕这一主题展开叙述，又不拘泥于此，因此所传达的讯息更为丰富。

　　所谓"道德"，在天为"道"，在心为"德"，二者联用，表示人行为处事所依据的准则与规范。老子曾著有德经与道经，孔子《论语·述而》则有"志于道，据于德"之语，"道德"二字构造了中国传统的伦理观念，用来指导人之所行和心志之修炼。此章以"信义"道德规范为主题，通过几个村落的民俗风情、人物故事，试图追寻传统文化的伦理观念，并且，它重点放在"信义赢天下"这一落脚点上，着重表现了 9 个古代村落中的诚信仁义方面的人情风貌。

应该说，在这些传统文化村落中，其体现的文化传统和精神风貌是方方面面的，在一个篇章中，很难面面俱到，这就需要去发掘把握其文化精神中最主要的方面。本章的立足点，便是发掘这些古代村落中注重仁义诚信的一面。例如，钓源村是北宋政治家、文学家欧阳修的宗裔聚居地，从建筑形制来看，钓源村的先祖体现出崇尚隐逸遁世的道家色彩，全村街道巷陌无一取直，都是"歪门邪道"，建筑物的朝向则一反坐北朝南的惯例，有着北南西东多种朝向。然而从文忠公祠堂、"文行忠信"牌匾、合族祭祖制度等来看，又体现出儒家文化的特点。钓源村的文宗遗迹、八卦村形、商贾世家传统等体现了儒、道、商多种文化的并存。"钓源村·节义立家"篇章，从钓源村孩子的启蒙礼入手，展现了钓源村孩童举行启蒙礼的情况。启蒙礼当日父母为孩子准备的葱蒜等食物，象征着聪明与算术，体现出钓源村以欧阳文忠公为宗、重视文化启蒙的特点。这一篇章选取若干个人物事例，表现了钓源村民众重文节义的特点，尤其是通过村中几位人物的仁义之举、节义之行，展现了钓源村村民虽然受到商贾文化的影响，仍保持着节义立家的儒家文化精神，最后通过合族祭祖仪式，为我们展示了儒家文化的影响。

这种仁义行善的价值观，还体现在其他的几个古代传统村落之中。例如，板梁村是湖南郴州兴建于宋末元初的古代宗族村落，至今仍保存着 360 多栋明清时期的历史建筑，一条高铁线路经过此地，可以看到现代社会对古代村落的影响，而绕村而过的小溪、通达外界的古驿道、连通大街小巷的石板路、三大古祠、古塔古桥古井、庙祠亭阁私塾，这些见证着这一村落曾经的宁静和文化积蕴。板梁村是一个以仁义知名的村落，在这个刘氏家族聚居的地方，他们将家族成员的义举作为最高荣耀记录在族谱当中。嘉靖年间刘宗琳在大灾之年调剂 1010 石稻谷救助灾民，获颁圣旨表彰。在板梁有一家 200 年历史的育婴局，用来抚育无力抚养的婴儿，它是板梁开设的民间慈善机构。今天，板梁村人把施义于人作为世代相传的价值观念，仍然有着不少仁义之举。在本篇中，我们可以了解到古代建筑及其生态观念，更可以发现古代的宗法仪式和儒家仁义传统的遗存。

浙江宁海的龙宫村则让我们看到了独特的"义门文化"。龙宫村相传为唐宋两朝声名显赫的"义门陈氏"其中一支的家族聚居地，是一个以"义文化"为治家格

言的家族式村落。古老的龙宫村，恪守着"忠义传家"的义门文化，秉承着"义字当头，仁行天下"的人生信条。在龙宫村，看见最多的是"义"字：陈氏宗祠照壁上的"义"字、"义门陈氏"的匾额，以及《陈氏宗谱》上"忠义传家、源远流长"八个大字，无不昭示着龙宫村对"义文化"的坚持和奉守。龙宫村的街巷道路，没有十字路口，全是三岔路口，三岔路口的地面有一小块圆石，整个路口看起来像一个大写的"义"字，这些可看出龙宫村独特的"义文化"。龙宫村也涌现出一批义人义事，这里有邻村失火送粮送衣的全村村民，有80多岁为乡亲们上山采药的义医，有散尽家财兴办义学的义师……"空手让挑担、轻担让重担"这些平凡的人生信条，体现着龙宫村人对"义"的朴素的理解。

值得我们注意的是，本章中的很多村落，大多位于交通要道或是水运码头，其村落的兴盛，多是源于商业的发达，基于这一原因，几个因商而兴的古代村落，都不约而同地表现出注重诚信、以诚行商的特点。例如，四合村是重庆西南地区的传统商贸集散地，至今依然保留着数十家传统老字号。本篇章围绕诚信主题，通过几个人物，发掘了一个个经商重信用的故事：做"烫手货"不收烫手钱的冯三姐，让石板糍粑成为远近闻名的美食；诚信为本的老秤匠，坚持不修有问题的秤；百年老药铺的传人方联海，身体力行把仁义诚信的家训传承后代……通过冯三姐糍粑、老秤匠、方家药铺等几个例子，讲述了四合村的经商之道和诚信至上的淳朴民风。濯水村则是渝东南一个集土家吊脚楼群、水运码头和商贸重镇为一体的古村落，承载着巴文化、土家文化与汉文化的融合。濯水村因商而兴，其秘诀就是做人对得起"天理良心"，做生意讲究信用和道义。在早期开办商号之时，濯水村商户便将诚信经营视为安身立命之本。濯水村的祖先将"天理良心"四字刻于石碑之上，作为祖训置于寺庙和街道中央，以让后世明白诚信守正的重要。本篇章以濯水村四个不同的人物故事为叙事载体，分别体现了"诚实互信""诚信经营""一诺千金""大诚仁心"，表现了濯水人以"诚信"为核心的经商、为人、处世之道。

在这些注重诚信立义的商贾文化村落中，我们也可以看到儒家仁义文化的关联。在钓源村、板梁村、龙宫村等我们都可以看到这一点，在山西晋中的静升村这一篇章中表现得最为明显。静升村是晋中千里陉古道与灵沁古道交汇处的商贾名村，是行商千年的晋商文化的典型，有"华夏民居第一宅"之称的王家大院即坐落其中。

从商而富的静升村先祖，一个个"抱道在躬"，塑就了施善、崇儒、诚信的从商文化，并在此形成了静升村仁义为本、诚信经商的宗族文化。本篇章挖掘了王氏族人的若干故事，来展现静升村仁义诚信的晋商文化。王家先祖王实救助老人的仁义之举，成就了王家后人数百年基业。富甲一方的王氏家族，到清朝乾隆年间成为晋商中举足轻重的一支，靠的就是诚信二字。王氏十六世祖王寅德与人合伙做生意，对方亡故，王寅德把属于对方的钱还给人家后代，靠的是对仁信的奉持。第二十世祖王廷仪，坚持不把还有一天就到期的翡翠手镯卖给洋人，讲的就是仁义诚信。如今的静升村依然传承着诚信为本的祖训，无论是百年老字号还是手工艺人，坚持恪守"诚信"二字，本篇发掘了手工豆腐、月饼作坊等行业的诚信故事，表现了"无信不立"的晋商文化。

除了仁义传家、诚信立义的传统文化信仰之外，我们还看到传统文化的多种面相。例如，对于儒家文化的传承，我们可以在某些村落中看到宋代儒学的不同影响。浙江松阳的杨家堂村，其民居建筑比较朴素，老宅中没有大量雕刻精美的雕梁，也鲜有花格窗，最大的亮点便是每幢老屋院墙上书写着的《宋氏宗谱·家训》《朱子治家格言》。杨家堂村人从小到大，早起诵读墙头家训，出门行事省身践行，一直秉承"修仁心行义事"的信念行事待人。村人虽因商而富，不少人秉持着"不为良相即为良医"的信念，前有先祖宋德焕治疗瘟疫的轶事，现代的医者，早晨起来先巡视一圈，看到家家烟囱里都在冒烟，他就放心了，否则一定要上门问讯，这是何等的医者热肠。本篇章也表现出了奇特的杨家堂村独特的生态儒学信仰，村中保留着拜樟树娘的风俗，谨守朱子不为口腹滥杀牲畜的训诫，村中无一猎户，并且有着立冬之后撒谷喂鸟的传统，我们可以看到另一番儒家文化传统的不同面相。

"汤满村·诚实守信"这一篇章可以让我们看到诚信文化在藏地文化中的独特传承。汤满村是本章中非常独特的一个村落，它坐落在距离香格里拉县城40公里外的山谷间，是茶马古道上一个传统藏族村落。汤满村的煨桑、白塔、纳帕海等为我们展示了真实而丰富的藏族文化，作为连接滇南茶山和康巴藏区的交通要道，同时也是内地通往西藏、尼泊尔、印度等地的商贸中转站，汤满村也体现出了茶马古道注重诚信的商业文化。汤满村藏族文化中的"乃仓"，便是一种基于诚信的互助交换方式，而茶马古道马帮依靠一撕两半的两块布作为信物来进行交换，也完全依靠交

易双方彼此的诚实信用来进行。在汤满村，藏地村落严苛的地理环境促使人们通过诚恳互恤的方式来交往处事，不管是马帮接待，还是黑陶加工者，还是尼西土鸡商家，他们都自觉地奉行诚信作为基本的生活处事和经商原则。

我们这一代人的乡愁，是对文化的追思，对传统文化之根的追寻。本章中的九个篇章，体现出了中华传统文化在古代村落中的传承，这里既有仁心济世的儒家情怀，也有义行天下的义门文化，更多的是诚信为本的商贾文化信念。这些传统文化通过宗族信仰、家规祖训、村规民俗等形式在古代村落得以展现，更在当代人各种诚实守信的义事中得到体现。将这些传统文化归结为单一的道德品格有着简单化、同质化的危险，阅读本章，我们可以得到更为完整的丰富的传统文化讯息，它们对于当代人的生活、尤其是现代商业文明，仍有着积极的启示意义。

第五章　崇善立德——道德品格

善，是人的基本德性。有善心，方有善行；有善性，才有善业。善不仅体现为欲望的满足，还引导人超越俗常困境，向幸福的彼岸跃升。人生的道路漫长而坎坷，艰辛跋涉的旅者心存善念，则驿路梨花开。

老子《道德经》第八章言："上善若水，水善利万物而不争，处众人之所恶，故几于道。居善地，心善渊，与善仁，言善信，正善治，事善能，动善时，夫唯不争，故无忧。"在老子看来，最高境界的善行犹如水的品格，滋润生灵、泽被万物，却不争名利。人如果能从水中汲取智慧，则能心境平和、事事顺心，处世无忧。先人有言："勿以恶小而为之，勿以善小而不为。"助人为乐，积善成德，方有余庆。善风尽煽，可保一方水土安宁。

江西省赣州市赣县

白鹭村

积善成德

依稀是山水江西，古村若梦。梦里月明如水，佳人歌笑如风。碧瓦白墙，风景如画。初晓的白鹭村矗立在江西南部的群山之中，如同一场旧年的梦，藏在静谧的青山深处，带着它独有的善意和诗情。

北宋年间，钟氏先人带领家族自河南颍川迁徙至此，选择了这个山明水秀、白鹭栖息之地建村立庄。870多年来，钟氏家族在此繁衍生息。如今，村中依然生活着2000多名钟氏后人，他们乐善好施，勤劳善良。新中国建立60多年以来，这里从未出现过违法乱纪的事件，而这一切都得益于钟氏先人留下的家规祖训——尊祖敬贤，乐善好施。

王太夫人祠

　　在赣南地区流传着"白鹭村没有饿死的叫花子，没有上不
起学的孩童，更没有无棺材的老人"的说法。这些都源自于一
位被称为王太夫人的女子。白鹭村中至今还保留着一座王太夫
人祠，这在男尊女卑的中国封建社会极为罕见。

　　王太夫人原本是清乾隆年间一户钟姓人家的小妾。虽然家
境殷实，但她却十分节俭，用节省下来的积蓄为病人施药，为
贫寒者施粮施衣，甚至为死在白鹭村的鳏寡孤独者施棺材并妥
善安葬。直到临终前，王太夫人还交代儿子，义仓中每年要有
一千石谷子，当年必须全部放出去，不得留存。"人有善念，
天必报之"。在王太夫人的言传身教下，她的四个儿孙都十分
优秀，考取了功名，而且为官期间善举不断，造福了一方百姓。
王太夫人的故事流传开来后，乾隆皇帝深受感动，三次诰封王
太夫人。族人们在王太夫人的义仓前为她建起了祠堂。此后，
王太夫人祠就成为了白鹭村救难济贫的场所，一直持续了200
多年。"积财积物，不如积善"。王太夫人就是以她的善举荫
泽了数代后世子孙，兴旺了一个家族。人们把王太夫人教育子

孙的故事改编成了东河戏《机房教子》。每逢节庆之日，古老的唱腔就在村落里咿咿呀呀地唱响，带给人们无数次的欢乐与感动，也潜移默化地影响着一代代钟氏后人。

在中国人的传统中，做善事历来讲究不求回报。千百年来，白鹭村人一直恪守着这样的传统。与其他家族的族谱不同，钟氏族谱专门撰写《善士传》，族内凡有善举之人都被记载其中。钟氏家族经历了由农而商、由商而仕的转变，先后考取了568名秀才、17名文武举人，有6人担任过知州和知县。直到现在，白鹭村每年都有20多个孩子考上大学。在白鹭人心中，"积善成德"正是家族能够繁衍800多年依然人丁兴旺、长盛不衰的奥秘之所在。

每天清晨，村民钟建中都会回到自家的祖宅"兰善堂"中。如今房屋当中唯一保留下来的是一副祖传的对联："兰桂腾芳承先祖忠孝之本，善良积德启后代立身为荣"。80多年前，"兰

抢打轿民俗活动

善堂"曾住进了几位特殊的客人,他们在这里指点着江山,改变着中国。1931年9月,毛泽东跟朱德曾在白鹭村居住过三天,召开了军团长会议,做出了第三次反"围剿"的战略部署。在战争岁月中,白鹭村村民不仅捐粮、捐钱支持革命,更亲赴战场。在白鹭村村史博物馆的墙上,100多名烈士的名字历历在目,记录着白鹭村人将大善施于天下的壮举。

走入现代社会,白鹭村也悄然地发生着变化,不少村民搬出了祖屋,搬进了新居。但是"积善成德"的家风却从不曾断裂。村民们搬入新居时,要恭敬地从祖屋中接引出祖先牌位前的香火摆放在新居的客厅正中央,寓意着家族的"薪火相传"。

村中的传统民俗中也浸染着善的文化。一年一度的"抢打轿"活动让这个宁静的小山村喧闹了起来。木制的"打轿"是人丁兴旺、家族繁荣的象征,每一户人家都想赢得祝福。激烈的争抢往往需要一整天的时间才见分晓,大家会达成一个默契,让最需要得到这个"轿"的人抢到这个"轿",这体现了客家人成人之美、与人为善的品德。

现如今正值青春年少、活力无限的青年人又成立了白鹭村教育基金会,让"义学"的脉脉余香继续发扬光大,现已资助了80多名学子。从这里走出去沐风栉雨、仗剑天涯的白鹭人,将客家人的善良和勤奋镌刻在了中国苍茫大地上,落笔成诗。

中秋节宗祠门前的广场上层层垒砌起来的"瓦塔"代表着白鹭村人最美好的祝福。人们齐心协力,瓦塔则烧得越旺。你看,白鹭村的长亭短亭都在,明月夜壮士出行,将大善施于天下;送君千里,送不走的是美德与善意。你听,白鹭村的东河戏锣声又起,舞台上《机房教子》,起承转合,均是善意美德,余音绕梁,宛如擂茶,鲜活清凉。

(本集编导:周密 戴睿 摄像:王晨光 林毅)

四川省攀枝花市仁和区

迤沙拉村

心怀感恩

在四川攀枝花境内的金沙江畔，坐落着一座古朴而神秘的彝族村庄。2000多年来，作为南丝绸之路上的必经之地，迤沙拉村阅尽了岁月沧桑。汉朝文学家司马相如曾在此凿山修路开疆扩土；三国时一代名相诸葛亮曾由此挥师渡江七擒孟获。如今，这里生活着600多户、2000多位村民，他们在这里日出而作，日落而息，享受着宁静的田园生活。

延续的家规就如同不灭的年岁一样生生不息。在迤沙拉村，每一户人家的正堂中央都会供奉着"天地君亲师"的牌位。村民们每天做的第一件事，就是在香案前

燃香祭拜。"敬天地自然富贵，报君亲必定荣华"是迤沙拉人恪守了千年的家规祖训，也是他们不曾遗失过的道德操守。这实际上是一种感恩。感恩暖阳融化寒冰，感恩阳光普照大地，感恩祖先辛勤劳作，感恩自然哺育生灵。

对于迤沙拉村民来说，祭山神的仪式是一年当中最隆重的事情。毕摩吟诵着传承千年的古老经文，这是村民们一年一度与天地沟通对话的时刻。敬畏之中充满着感恩之情。感恩天地万物，其实是一个农耕民族血液里的基因。迤沙拉的村民从不砍伐山中的古树，祖先曾经留下的教诲如今成为村规民约，牢牢约束着每一位村民，成就了这片青山绿水、物产丰饶之地。

中华民族文化博大精深，敬祖一直是传统美德中的精髓。在迤沙拉村，几乎所有民居正屋的大门都朝向东南，表示不忘曾生活在长江中下游的祖先。600多年前的明朝初期，朱元璋为平定元朝残余势力的叛乱，派30万大军远征云南。"洪武开滇"之后，这些将士被就地安置。迤沙拉村迎来了历史上的第一次大移民。这些来自江苏、江西等地的将士与当地人通婚，虽然改汉入彝，但他们依然眷念着故土，用自己的双手在西南大山深处建起了宛如江南般的村落。从此，彝汉文化在这里相互交融，世代传承。

迤沙拉村生活着起、毛、纳、张四大姓的人家，其中毛氏家族占村中人口的1/3，是迤沙拉村第一大姓。村民毛志品家中至今保留着清乾隆年间所修撰的迤沙拉毛氏家族的族谱，可是在朝代的更迭中被损毁了不少，毛志品希望能够重修家谱以回报祖先的恩泽。2005年，毛志品根据族谱上的线索来到了云南楚雄大姚县。他和大姚毛氏族人一起耗时一年寻遍了毛家湾周边的大山，最后两边中断了300多年联系的宗亲得以团聚。走进毛氏宗祠认祖归宗，传递着"上慰祖恩，以承千古家风；下启来者，以期薪火百代"的精神力量。

羊皮煮羊肉

　　在迤沙拉村民心中，中国文化"恩"的意义深远而博大，不仅要感恩，更要报恩。他们以"敬"来报天地之恩，以"孝"来报父母之恩，以"义"来报友朋之恩。一位老人在70岁高龄才过第一个生日，这样奇特的现象源于迤沙拉村的一个传统。在迤沙拉村，如果父母在世，儿女们就算年龄再大也是不能过生日的，只有等到父母百年之后，才能由孩子们为自己庆生。子女的生日就是母亲的受难之日，这样的思想牢牢地扎根在迤沙拉人的心中。父母在，不庆生的传统便由此而来。

　　感恩父母，感恩自然。在迤沙拉村，家家户户都会养狗，或看家护院，或放牧山中。在村民心中，狗不仅是他们的伙伴，更是他们的"恩人"。相传远古时期，天地间出现了一次滔天洪水，淹没了彝族人世代生存的土地。当所有人绝望的时候，在一只狗的身上发现了三粒稻谷种子，彝族就开始了种庄稼的

祭山神

定居生活。由此彝族人抱着一种感恩的态度来养狗，还产生了
一种特殊的风俗，每到年终岁末要专门为狗过一个节日，并且
要为狗准备一份特殊的食物——羊皮煮羊肉。这也是迤沙拉村
用来招待亲朋、庆祝节日时最隆重的一道菜肴。感恩于动物对
人类的贡献，迤沙拉村的村民们不吃狗肉、牛肉、马肉和驴肉。
在这些动物死后，村民会把它们安葬在山中的大树下，希望它
们能够回归山神的怀抱。

　　黯淡了刀光剑影，远去了鼓角铮鸣。当夕阳再次笼罩金沙，
当十里稻花依旧诉尽丰年，"感恩"两字，在这片和谐富饶的
土地上还保持着它原有的磅礴与活力、浩瀚与深情。因为感恩
永在，所以清风自来。

　　　　　　　　　　　　　　（本集编导：周密　戴睿　摄像：王晨光）

广东省潮州市潮安县
龙湖古寨
感恩三春暖

　　龙湖古寨的夜，就像金麒麟的眼睛，闪烁着耀眼的光芒，若隐若现。古寨位于广东省潮州市潮安区东南部，北宋末年建寨，至今已有近900年的历史。风雨冲刷的900年，龙湖古寨依旧如同一滴月光，湿了游子的心窝。

　　水中月色，雨里短歌。古寨曾因池塘湖水环绕得名塘湖，明朝时期改称"龙湖"。龙湖寨南北走向，俯瞰外观形似带状。寨门、街巷，设计有致，布置明朗，好似一座小城。龙湖寨的地形及建筑风格与古时潮州府很相似，所以龙湖又有小潮州城的美称。龙湖寨民居鳞次栉比，单单是三进以上的府第就有40多座，这些古建筑汇集了宋、明、清以及民国各个时期的建筑风格，又荟萃了木雕、石雕、嵌瓷、彩绘、灰塑等典型的潮州民间工艺精华。古风扑面，醉了乡民。

　　龙湖寨书风浓厚，举业发达。据统计，自建寨伊始，龙湖考取进士者竟逾百。明朝万历年间，有一位教书先生王侗初，曾经在这里教授过8名学生，因为王老师执教有方，8位学生最后学业有成。这些学生为了报答老师的恩义，为他养老送终。先生过世以后，学生集资为老师建祠堂，并且祭拜不断。清代龙湖寨重修先生祠时，潮州知府还特意撰写了碑文。龙湖有句俗语："晓感恩，得寸进。"诚然，龙湖人懂得感恩，能成大器。

　　秋分这天，龙湖寨许氏家族在祠堂举行秋祭仪式，与其他家族有所不同的是，许氏家族在先祖的龛位旁边，还要另外设置一个摆放有同样祭品的供桌。因为北宋

阿婆祠

末年战乱不断，龙湖寨曾经遗留下一些无主的墓地，到了明代，许氏家族经过共议，将这片荒地整理之后修建成了祠堂。许家人将祠堂命名感恩堂，意在教育子孙后代"施恩莫念，受恩莫忘"。同时为了感念原住民对这片土地的开垦，许家人把龛位周遭的地砖只做拼接没有粘牢，为的是有朝一日这些原住民回来还能够认出自己的土地。这一做法延续至今，形成了许氏家族一条不成文的规定。

感恩始于心，回报践于行。龙湖寨有一座祠堂——阿婆祠，是明末清初潮汕地区有名的商人黄作雨为母亲而建。在他看来，自己之所以能够成家立业完全要感谢母亲含辛茹苦的养育和教诲。这种感恩变成一种行动，专门为母亲盖一个宗祠，这是潮州人对潮州女性崇敬的物化表现。不过，当初建造祠堂并非一帆风顺。原来黄氏的宗祠基本是黄作雨一个人出资的，当年他只有一个要求，祠堂建成以后让他母亲的牌位也能供奉在黄氏的祠堂里，族里面原先是答应的，可祠堂真正建成以后，又说按照族规，庶母不能进祠堂。于是，黄作雨不顾家族宗亲的反对，筹资为母亲单独兴建了这座阿婆祠。阿娘一世爱，儿女万年情。在黄作雨看来，母亲为儿子无私奉献了一生，这份恩情必须要报。生活中的一些细节，也能见出龙湖寨人感恩至深。龙湖人极爱茶，他们把茶比作天，把水比作地，把炉比作父，把壶比作母，喝茶之时，铭记天地父母恩泽。

"一饭之恩，永世不忘"。对于龙湖人来说，感恩是发自内心的真情。53岁的农民刘潮鹏和80岁已瘫痪的老人刘克中仅仅是邻居关系，属于同辈。刘潮鹏感恩小时候这个大哥每次买肉的时候总不忘给他家分出一份，挑水时也会把两家的水缸同时加满。虽然都是居家小事，但是热心大哥做的这些热心事，却如涓涓细流，渗入到刘潮鹏幼小的心灵。因为刘克中不曾结婚，也没有什么亲人，所以从他瘫痪在床的那天起，与他一墙之隔的刘潮鹏夫妇就主动承担起了照顾刘克中的重任，并在两家的围墙上打开了一道门，把两家变成一家。

其实不止乎龙湖，整个潮州地区的人都能竭诚报恩。与龙湖寨紧邻的韩江在唐朝时期叫作恶溪，因为韩愈在潮州主政的8个月时间里劝农、兴学，为潮州百姓做了一系列好事，所以潮州百姓把恶溪更名为韩江，又将韩愈经常游赏的笔架山更名为韩山，沿用至今。潮州人对自然、对所有有恩之人都感恩戴德。这种美德隔着雨雾重山，温暖了冰寒土地，散发着温润清芬。

登高山之巅，勿忘父母情；入成功之道，切记师恩意。在龙湖人看来，只有心中常存感激，生活的路才能越走越宽。

（本集编导：郭晓光　摄像：刘春庆　白阳）

民居

山西省阳泉市郊区

小河村

积善有余庆

醉是那古韵山村，群山环抱，碧水长流，云遮雾罩，鸟鸣山幽。晨曦下的小河村，静躺在这灵山秀水中，像是一幅清幽淡远、气韵生动的水墨画。

小河村是一个拥有1700多年历史的文化名村，村里主要由石姓、窦姓和李姓人家组成，其中石姓人口最多，占全村1077人中的40%。小河村整个村落依山而建，选址讲究，有着灵活的空间布局、丰富的建筑形式、精致的雕刻工艺，同时又渗透着儒雅的文化气息。与人为善，是小河村人为人处世的基本原则。

清雍正年间，一位叫石思虎的小河村人出门做生意，不幸染病客死他乡，家里

剩下妻子葛氏和两个年幼的孩子相依为命，生活凄苦。适逢村中修建大宅院，葛氏便每天三更起床，煎炸油糕，天亮后拿到工地卖，养家糊口。大儿子石宽长大后去北京学做生意，因他为人勤快、性情豪爽、乐于助人，终于发迹创立了"全兴振"店铺，积攒了一些财富。后来，他返归村里，买下了一处花园般的宅院奉养母亲。石家的日子越过越好，但葛氏却依然勤俭节省，她常训诫子孙，发达后要多行善事、关爱他人，如此才能有余庆。光绪三年，平定州遭遇旱灾，第二年，又遭大疫，连续两年灾害，让小河村颗粒无收。石家扶危救困，将百余石粮食散发给父老乡亲，保住了很多乡邻的性命。活下来的百姓，为铭记石家扶危救困的善举恩情，合伙刻碑为石家立传。这也是小河村为鼓励行善的一个约定俗成的规矩。

花园石家的第 14 代传人石钦林，现已 80 岁，他继承了先祖葛氏炸油糕的手艺，炸出的油糕又黏又甜，色香味俱佳，成了游客们到小河村最喜欢吃的一道小吃。石钦林的油糕每个只卖五毛钱，说起来应该是赔钱的买卖，可是老人家坚持做了几十年，他自己也说不出来每天一早起来忙忙碌碌做炸糕是为了什么，也许是小小的油糕，连接着小河村的过去、今天与未来。

小河村有一个独特的节日——感水节。曾经的小河村因为缺水，有的人家一年都不能洗一次衣服洗一次被子，大家每天要到几里外的村子去打水，因为水经常与外村人产生冲突。为了避免这些冲突，扭转村子"滴水贵如油，缺水辈辈愁"的困难局面，小河村民自发地组织起来，没有现代化设备，没有工资报酬，没有通风设施，就靠着铁钎铁锤，用两个轱辘的木头排车和简单的钢丝绳，冒着生命危险为村子打出了一眼 736 米深、日出水量 1200 多吨的井。前后 8 年的时间，小河村民们可谓是用他们的血与汗在打井，功夫不负有心人，终于彻底解决了小河村世代缺水的困境。更可贵的是，他们还免费将水提

供给周围的村子用。

　　积善之家，必有余庆，在小河村，处处可见让人修身养性树品德的楹联与匾额。而这一处石屋两边的石刻对联，更是与众不同。上联"丝纶阁下文章静"，下联"花萼楼前雨露深"，而横批"别有人"，更是别有一番用意在其中。"有人"出自《礼记·大学》中"有德才有人"一句，是教育子孙要做有德行的善良之人，这样才能成为一个真正的人。古人很注意积善行德的宣传作用，不但是宣传也是教化。在我们的目光可能触及、我们的耳朵可能听到的一切地方，都做这样的道德提醒。这是一种潜在的道德建设。

　　古往今来，戏台在小河村人们的生活当中占据着重要的位置，小河村要争做文明村，村民们就纷纷捐钱请戏班子来唱上一出戏《喜荣归》，这戏的内容就是秀才赵廷玉娶妻子崔秀英，因为家境贫寒被岳母冷眼相看，崔秀英私自赠金让他进京赶考。

石氏宗祠

葛氏炸油糕

赵廷玉高中状元，扮成乞丐回家试探家人，岳母逼他退婚，老家院崔平也对他百般刁难，唯有妻子崔秀英对他仍旧一往情深，真相大白之后岳母与老家院羞愧难当……这出戏是在教育人们不要以貌取人，不要嫌贫爱富，要信守承诺，要善待家人。

百善孝为先，人们通过祭祀祖先来慎终追远，求福禳灾。祠堂因而成为维系宗族、团结宗族的重要场所。但是，要进石家的宗祠，有一个最大的条件：积德行善。自古以来，刻碑、进族谱、牌位进宗祠，成为小河村对善心善行的一种认同。石家宗祠，让善良成为一种德行，成为一种风范。它像脊梁一样支撑着小河村，走过艰难岁月，走向幸福时光。

（本集编导：冯海芸　摄像：王文超　袁军）

广东省潮州市潮安区

文里村

行善至乐

晨曦中，熟睡的村庄在清脆的鸟鸣声中唤醒，应和着那袅袅炊烟，勾勒出村庄诗意的轮廓。一条条悠长深远的古巷，宛如文里村行善至乐的一行行诗歌，吟诵着这一古老村庄千年不变的情怀。

文里村坐落在广东省潮州市潮安区腹地，初建于南宋，是一个多姓氏聚居的村落。

自古以来，村里就有行善的传统，并因崇德尚善、乐善好施闻名于潮州。明朝正德年间，杨氏家族中的杨琠、杨玮两兄弟相继中了进士，正德皇帝称赞说"兄弟连登科甲，堪称文里"，赐村名为文里。经历了百年沧桑的大夫第，门楣上所刻着的"积厚流光"大字依然鲜亮，劝说着后人多行善事。

　　文里村的同奉善堂和太和善堂，在潮汕地区有着特殊的地位和意义，是整个潮汕地区同奉、太和各善堂的总堂。清朝光绪年间，潮州发生瘟疫，文里村的乡绅们集合全村的力量创建这两大善堂，施医赠药、救济灾民，100多年来做了大量的慈善公益的事情。在潮州，所有善堂都供奉着同一个祖师宋大峰。宋大峰生活在北宋徽宗时期，相传1120年，潮州发生瘟疫，当时已81岁高龄的宋大峰听闻此事，从福建长途跋涉到此地救灾。懂得医术的他，不顾可能被传染的风险，救了很多人的性命。灾情消除后，在当地百姓极力挽留下，宋大峰定居在潮州。之后他除了行医赠药，还为当地百姓修建了长近400米的"和平桥"。由于他在世时"慈悲为怀，普度众生"，去世后当地人尊他为"慈善神"。几百年来，潮州百姓不断地自发创建善堂，用行"善"的形式来弘扬宋大峰的慈善精神。如今善堂不仅是

同奉善堂

潮州民系文化重要的组成部分，还遍布全国各地，甚至扎根到新加坡、马来西亚等国，把中华"善"文化弘扬到了世界各地。

"把行善作为一种抵达快乐的方式"是文里村人一脉相承的善堂文化。作为村中主姓之一的谢氏，自古就有行善积德的传统。南宋理宗时期，谢氏家族的开基祖谢壶山出任潮州总管，于是携家眷从福建莆田迁至现在的文里定居。来到潮州后，他剿平盗寇，守土抗元，广施仁泽，善待百姓，宋度宗登基时为表彰他的功劳，赐他"金书铁卷"，于是后人称他为"铁牌总管"。文里谢氏第九代孙谢纪，一生乐施好善,被后世子孙称为养心公。

文里村人不仅行善成风，而且形成了特有的方式方法。在文里村所有的慈善机构中，最为古老的当属父母社，它形成于南宋时期，是村民们敬老助老的慈善团体。父母社实行会员制，一人入会，全家享受会员待遇。而入会会员不论身份，都要接受父母社统一安排的工作，实行轮班制，轮到谁，谁就负责照顾生病的老人。如今文里村共有大大小小10多个父母社，其中永义轩父母社的规模最大。62岁的黄俊孝会员，除按照父母社的安排做义工外，他和兄弟一家还长期照顾着一位77岁的老阿婆杨惠华。老阿婆5岁时患了软骨病，生活一直不能自理。40多年前杨惠华父母去世，黄俊孝的父母就一直照顾着她，之后担子又落在了黄俊孝这一辈的肩上。陈丽婉是黄俊孝的弟媳，自嫁入黄家，亦主动承担起照顾杨惠华的责任，做饭、擦洗身体等，20多年如一日，从未间断。

在文里村的太和善堂里，陈列着一辆一百多年的消防车，这是太和善堂创立之初所成立的义务消防队留下的。如今太和善堂义务消防队早已变为文里村义务消防队，而"助人为乐、见义勇为"的精神却一直传承下来。新中国成立以来，文里村义务消防队灭火上百起。义务消防队共有队员16人，他们全部是义务兼职，每个人都曾经因为救火而负伤，除了在灭火过程中救人于危难，他们还帮助火灾中受到损失的家庭募捐善款。

"第一等好事只是读书，几百年人家无非积善"。文里村人就这样用自己一点一滴的行动诠释着"善"的含义，身体力行地发扬着祖辈传承下来的行善之风。"行善至乐"，成为了他们幸福的源泉。

（本集编导：田雯雯　摄像：薛东　王誉林）

山东省济南市章丘市

三德范村

立规守德

脚踩齐鲁大地，身在孔孟之乡。这是一条比秦长城还要古老的长城，它穿越泰山山脉，横亘于齐鲁大地。鳞次栉比的房屋顺应村落的走势，错落有致地排列着，如同三德范村立规矩、守美德的村规。

三德范村一带，自春秋战国始，就是齐国边境上的一座重镇，处于齐鲁交通要道之上，曾经几度繁华，几度战乱，如今的村民多为明初迁居而来。和大多数北方村落一样，三德范村众多姓氏杂居。三德范村名中的三德，暗合中庸之道中的智、仁、

五音戏

勇三大德。他们深信，要修成这三种美好的品德，必须立规矩、守规矩，如此村庄才能和谐、兴旺繁盛。

在三德范村的这些族谱家训中，不仅强调了子孙后代要正直端方、和宗睦族，还特别强调了与其他宗族的人也要合群同力、和睦相处。在清朝晚期，村里姓毛的和姓齐的两家因为房屋中间的滴水问题发生了矛盾。正好毛氏家族曾任两广总督的毛鸿宾退休在家，毛家人就去找他告状，希望他出面来解决这个问题，毛鸿宾听本家人说明事由后，并没有马上答应，而是说先吃饭吧。在吃饭的时候，毛鸿宾故意用勺子把锅盆敲得叮叮当当响。他为什么要这样做呢？其实他是想提醒本家人，邻里之间的相处矛盾就像锅碗瓢盆一样，日长月久，难免会有所磕碰，没有什么大不了的事，事后都要归于平静，还要相互合作，才能唱响生活协奏曲。他题写了"人和"两个字送给本家，让他们处理任何问题都要首先想着它。本是为调和两家矛盾所题的两个字，却成了全村人恪守的行为规范。村民把它刻在石头、树到宅门上，永远地警示大家。

现在的三德范村，每个家庭都热衷于在家中悬挂书法作品，

保护山林的石碑

由于书法爱好者众多，因此悬挂的作品也多为村民们自己的佳作。在三德范人看来，爱好书法，悬挂书法作品，是让他们谨记美德、遵守规范的一种特殊形式。写春联、贴春联是中国人至今兴盛不衰的传统习俗，但在三德范村更有着一种近乎迷恋的态度。在每年的斗春联大赛中，书写者都会拿出自己的看家本领，这不仅仅是一场书法上的比赛，还是内容上的比拼。这些对于传统美德的崇尚，对于美好生活的愿景，都会悬挂在自家门前，有意无意间成为他们行为的准则和生活的目标。

在村里，有一个让全村人交口称赞的家庭，它被视为全村人学习的楷模。杨丙英老人年轻时非常孝顺，她的公公婆婆瘫痪在床近20年，一直是她和爱人负责照顾两位老人的生活起居，任劳任怨，细心周到，三德范村村民们曾颁发过一块"诚孝晶德"牌匾给他们，表彰他们孝养父母的诚心。如今已四世同堂的杨丙英中风多年，她的30多个儿孙接力传递着孝心。

明月升起，村民喜闻乐见的地方戏曲五音戏上演。五音戏多是表现当地农村妇女的形象和生活状态，许多剧目都是以倡导家庭和睦、调和邻里关系为主题，对一些不良社会风气进行讽刺，倡导传统美德。三德范的抬芯子，已经成为国家级的非物质文化遗产，也是整个扮玩队伍中的焦点。在他们看来，扮玩的过程中，每个家庭都要为这次活动贡献力量，只有村民齐心合力才能组织起这样的活动。三德范村村民们坚信，这个时候，是考验家庭是否和睦、邻里是否友善、村民是否团结的最佳时刻。

历史的车轮缓缓前进，三德范村的外貌已经有了很大改变，可村中立规矩、守美德的传统却一直没变，村子能保持秀丽风景、水源充足，也与村民对规约的普遍遵守有关。为了锦屏山的植被不被破坏，固养水土，有史以来村里各宗族之间形成了保护山林的约定，并在山上树立了"禁伐碑"。如今植被茂盛、秀丽挺拔的锦屏山，正像一道屏风矗立在村庄的西面，抵挡风沙的入侵，滋润着村庄的生灵。

（本集编导：耿庆涛　摄像：孙玉宝　胡小帆）

斗春联大赛

浙江省丽水市遂昌县

独山村

崇学向善

善心，善行，相互依存。性善？性恶？千古之谜。山环水绕的江南古村——独山村，走过风雨千年，一直在用行动探索和诠释这一谜题。

浙江遂昌县九龙山麓，山系缠绵，中有孤峰独立，冠绝群山，宛若九龙戏珠，独山村就坐落于此。早在南宋绍兴年间，独山村叶氏先祖陆续迁此定居。至明代中晚期，独山村人才辈出，村容大壮。《独山叶氏宗谱》记载："万历年间，傍江两岸，屋舍俨然，人口逾千。"府第豪宅的兴建使得独山村声名大震，一时人称"独山府"。

村里流传一个古老的传说，独山是一位神仙丢失的"纱帽"，于是出了很多当官的，有所谓"独山出了三斗三升的芝麻官"一说。最让村人称道的是叶以番，他是明嘉靖四十一年进士，后官至工部员外郎，被授工部营缮清吏司主事。叶以番为官5年，病逝任上。他清廉勤勉，抚恤百姓，注重加强民用公共设施建设，善心善行受到了朝廷褒奖。明隆庆三年，朝廷赐建了一座题为"洊膺天宠"的石坊以示恩宠。在族人看来，"叶以番是因为善行才受到褒奖，是族人的英才"。

千百年来，这里的村民一直将"崇学向善"作为祖训，为人处世，都追求至善。叶氏宗祠门楣上至今还能看到这样一副对联："要好儿孙，务从尊祖敬宗始；预光门第，还是读书积善来。"

叶氏宗祠

　　独山人把勤奋读书、多积善行当作光宗耀祖的大事。《叶氏族谱》中有言："凡人教子读书或为富贵、或为功名，而独山人读书要将富贵功名置之度外，读书的最终目的是要修德行善。"

　　告诫后人："忘善而恶心生后，日必至破家荡产，贻羞先人。"《汤公情》，演绎了一段明代著名戏曲家汤显祖与独山寨的故事。明万历年间，汤显祖任遂昌知县，清政惠民，深受百姓爱戴。在任期间，他与独山寨举人叶澳结为挚友。叶澳为人崇学向善，自幼聪颖好学，万历二十二年考中举人，因身体不好，没能走上仕途。但他致力于办学开智，在村中开办了学堂，义务教子弟读书习字写文章。汤显祖多次赴独山寨劝农、劝学。

万历二十三年，叶澳主持重修宗谱，汤显祖应邀为其写了《重修叶氏宗谱序》，以此表彰叶姓家族崇学向善的品德。如今村口的石崖上依然可见汤显祖的勒石题记，上书："栖灵岩下碧泉分，石户天窗时出云。夜踏仙梯满霞气，海光初映武夷君。"这首诗歌写出了汤显祖对独山村的真挚情怀，后人将此地称作小赤壁、栖灵岩，以表达对汤显祖的崇敬和爱戴。

独山村叶氏有两座祠堂，一座是叶氏宗祠，另一座支祠叫葆守祠，也被称为叶氏家庙，两座祠堂并排建造。提起葆守祠，有一个感人故事，它甚至改变了村人对于母亲的称呼。"带姊"意思是带我长大的姐姐，也就是独山人对母亲的称呼。其实，这种称呼，是为了纪念一个善良的丫环。清道光年间，叶家一大户 40 多岁才得一子，可惜孩子 4 岁那年，夫妻染病身亡。临终将孩子托付给一个丫环，为了抚养孩子，她终身未嫁，呕心沥血供孩子读书成才，丫环去世后，已经当官的孩子铭感她的恩德，又碍于丫环身份不得进宗祠，于是想了个折中的办法，在叶氏宗祠的一巷之隔，建造一个小小的家庙。当年的那个孩子，尊称抚养他的丫环为"大姊"，即带他长大的阿姊。后来演化为此地特有的对母亲的称呼，叫作"带姊"。一声"带姊"时刻提醒着后代，"人有善愿，天必佑之"。

凝聚村人的不仅仅是一种崇学的习惯、向善的信仰，在风俗习惯中，他们也没有忘记对集体的付出。农历九月二十一日，这一天是独山村极其重要的一天，也就是庆丰节，俗称打醮。祭祀活动就在村口的社庙里上演，村民除了祈福就是聚在一起吃饭，持续三天。通过交谈，大家知道如何互相帮助，通过交心，大家守护着同一个信仰。在对"崇学向善"的追求和坚守中，独山人开启了一扇通往幸福生活的大门，在这个收获的节日里，他们收获的不仅是幸福，更是令人敬佩的善行。

（本集编导：曲宗波　摄像：李铁华）

浙江省湖州市南浔区

荻港村

齐心向善

梦回江南小镇，似水年华，是青砖碧瓦，石板青青。悠悠小巷中丝竹悠扬，当最后一缕晚霞隐去，放眼望去，整个村庄暮霭缭绕。万家灯火微微闪烁，忽明忽暗，烘托出美丽而又宁静的夜。整个荻港村都沉浸在这恬静的气氛中。

荻港村位于浙江省湖州市南浔区，毗邻京杭大运河支流，四面环水，河巷纵横，历史上因河港两岸芦苇丛生而得名荻港。村里民宅大多沿河而建，是一座典型的水乡古村。据《湖州府志》记载，东晋十六国时，许多达官贵人为躲避北方战乱，来此隐居。到明代嘉靖年间，荻港村已初具规模。今天村里生活着 1000 多户、3700

总管堂

多人，"齐心向善"之风在古村中积淀传承，大家和睦相处。

　　荻港的名门望族章氏家族崇文重教，于乾隆四十三年，章翰等章氏族人捐资4000多银元，兴建了荻港的第一座私塾"积川"。章芩考中举人但辞官不做，回乡担任积川书塾的首任教席，他认为家族教育比个人的功名更为重要。他不仅亲授课文，也请名家、名师为子弟讲解经史子集，让族人子弟立品敦行。"诗礼传家、积善余庆"，章氏先祖深知若想家族能够长久兴盛，就要多行善事。家训十条、族规十二则，对子孙的行为做出严格的约束。与此同时，章氏先祖还将族人所做善事记录在族谱中，告诉后世子孙如何能成为一位德行高尚的人。

　　每年正月初四，荻港村村民都要在总管堂举行盛大的庙会，纪念三位总管，抬着他们的塑像巡游，踏遍村里的每一条街巷，走过每一户人家，告诫每一位子孙"不忘善恩，齐心向善"，这是荻港村延续了数百年的传统。相传南宋年间，荻港一带遭遇了百年不遇的旱灾，饿殍遍野，民不聊生。金兵一队人马将军粮押送到这里跟南宋部队打仗。有三个押粮官，看到这里老百姓都快死掉了，想着还打什么仗呀，就发善心把军粮全部发放了，救活了好多老百姓。感念三位总管的救命之恩，荻港百姓集资修建了这座总管堂，还规定子孙后代逢初一、十五，都要到总管堂进行祭拜。总管堂前有一副对联："善为至宝一生用之不尽，心作良田百世耕耘有余。"它既是对三位总管的颂扬，也是对子孙后代的期望。

　　村里有一座有上百年历史的聚华园茶馆，许多老人都喜欢去那里喝茶。潘平福是茶馆的第四任掌柜，接手30多年了。他考虑到老年人手里钱不多，只收很少的茶费，五毛钱可以在茶馆里喝上一整天。茶馆一天只能卖三四十杯茶，但潘平福为了老人一直坚持着。为贴补茶馆的亏损，潘平福在茶馆里腾出一块空地，用从父亲那学会的理发手艺支起了摊子，用理发的收入贴补亏损，一干就是40年。在他看来，只有留住老茶馆，这些相伴几十年的老朋友才有相聚的地方，他们的晚年才不会寂寞，所以他坚持要把茶馆开下去。2013年，在茶客们的一再要求下，潘平福将茶费涨到了一元钱一杯。从2014年开始，茶客们又主动提出要自己带茶叶，只需要潘平福供应开水，一元茶又变成了一元水。一位书法家听说了潘平福和茶客们的故事，为老茶馆题写了一块"一元茶馆"匾额，道出了潘平福和老茶客们几十年来的谦让，这是人性之真、人情之善，百年茶馆成了荻港村里一个传递浓浓善意的地方。

　　午后闲暇，荻港村的老人也喜欢到古村中心的崇文园里享

农民公园

受阳光。人们习惯把这里叫作农民公园。因为这座占地20亩的园林完全是村民自己捐资修建。当年在老年协会的感召下，村民积极响应捐资。环境的改善源自荻港人齐心向善的心，而这种信念的聚集与合力，正是荻港子孙对"齐心向善"祖训的践行。

在荻港很多姓氏家族的族谱中，"积善"都被作为家风。积善桥、乐善桥、余庆桥相继而起。23座古桥、32个堂、20里石板路，它们就像一部部无字的功德榜，让"见贤思齐，齐心向善"之风在荻港村代代传承。

（本集编导：张玉洁 摄像：山峰）

四川省阿坝自治州金川县

德胜村

以德报怨

背靠巍峨的石鼓山，面向蜿蜒的大渡河，群山环绕之中，坐落着一座依山而建的小村庄——德胜村。

自唐宋以来，就有藏民在此居住。因为地处川藏线上的交通要道，建村伊始，它便成了屯兵戍守的重要隘口，也是藏汉文化交融的灵秀之地。300多年前，清乾隆皇帝为平定大小金川的土司叛乱，曾在这里打了一场大胜仗，故村名"得胜"。战乱后，朝廷在此驻兵屯垦，迁居移民，又改"得"为"德"，"德胜村"一名延续至今。

早在500多年前，金川地区就曾有过一位"以德报怨"的大师良美希绕坚参。他一生信奉本教，学识渊博，智慧高妙。一次他主持修建庙宇，一伙儿强盗见香客捐献的财宝众多，便冲进寺院抢夺宝物。大师用宽容慈悲之心来对付强盗，说："这些东西对我一个出家人来说，也没什么用，你们有困难就拿吧。"强盗被大师的诚恳言行和宽容心态感化了，又把抢劫的东西全部送了回来。后来，良美大师参透佛法，修成正果，被尊为雍仲本教的第二佛陀，培育了众多才识渊博的弟子。为缅怀这位大德高僧的高贵品行，人们特意在噶达山下修了一座庙来纪念他。

　　德胜村，刘姓人家最多。据载，清末民初，刘氏先祖从广东一带迁居此地，开荒种田，建造房屋，又与当地藏族通婚，繁衍至今已9代。刘氏先祖为让子孙能适应民风、融入当地人生活，制订了众多规矩。其中强调："凡我族人，毋以己富而辱贫，毋以己贵而辱贱，毋以其强而压弱，毋因小忿以倾人家产，因财失义。"族人非常重视这一约定，学会了以宽容和忍让来化解矛盾和过节。

　　祁永兵和刘兴华是好朋友，一回喝酒，两人由于一副对联发生了争执，年轻气盛的他们动起了手，刘兴华砸伤了祁永兵一只右眼。这场意外让两人从知己好友变成了冤家仇人。一个离家出走漂泊异乡，一个身心受创满腹仇恨。中国的乡村，是

一种由相互熟悉的人构成的社会，人们彼此之间相互了解、信任，依靠着这份熟悉感，邻里之间才能和睦相处。即使发生矛盾，产生过节，也不会记恨对方。自古以来，德胜村的村民就认为"以德报怨"并不是为了获得回报，而是为了让自己和他人远离仇恨，生活得更快乐。

后来，祁永兵在父辈们的劝说下，原谅了刘兴华，放下了心中仇恨，有时他还主动去帮刘兴华的老母亲干农活。感恩于

好朋友的宽容和乡亲们对父母的照顾，在外打工的刘兴华在德胜村修路时毫不犹豫地捐了7000多元钱，在他看来，这是他对朋友、乡邻最好的回报。正值村里种植冬小麦的季节，祁永兵一家播种的时候，刘兴华也特意赶到了地里来帮忙。按照习俗，繁忙的播种之后，村民们不仅要在地里抛撒面粉，祝福来年粮食丰收，并且要互相涂抹面粉，以示吉祥。原本汗滴如雨的土地上，转眼间充满了喜悦和欢庆，洋溢着浓浓的乡情与亲情。"渡尽劫波兄弟在，相逢一笑泯恩仇"，因为村庄里古老的习俗，两个曾经互相仇恨的人，终于化干戈为玉帛，依然像兄弟般相处。这份来源于古老村庄里的生活智慧，是大山里的人们世代延续的传统。

还有一则化干戈为玉帛的故事。解放前，当地颇有势力的两大家族卓玛家族和邻村的胥家，在一次家族争斗中，卓玛的父亲因胥家而亡，两家由此产生仇恨，互不来往。后来卓玛发现自己的妹妹和仇人家的后人相互喜欢上了对方。面对两个心生爱慕的年轻人却不能在一起，作为家族里的长辈，卓玛和丈夫商量后，邀请族人一起，到胥家摆上一场"龙门阵"，化解了上一代人之间的矛盾。双方为两个年轻人举行了隆重的婚礼，高高兴兴地成了一家人。在德胜村的村民看来，"冤冤相报何时了，得饶人处且饶人"。放下仇恨，后代子孙才能生活得幸福美满。

"地上种了菜，就不易长草，心中有了善，就不易生恶"，这是德胜村流传千年的一句话。以德报怨，让和气相生，这是德胜村人在待人接物时的准则和教养。千百年来，无论对人对事，他们总是心存善念。在他们看来，这样才能对得起先祖，给后代树立榜样。

（本集编导：宋鲁生　辛青原　摄像：郑磊）

山东省淄博市周村区

立德树人

万家村

　　秋日的阳光，照在万家村的池塘上，金光闪闪，波光潋滟。荷花已谢，残枝底下，莲藕成熟了。刚从淤泥中挖出的藕节用水洗净，多么清脆白嫩呀！轻轻一掰，一股淡淡的清香扑鼻而来，还没开吃人就仿佛醉了。

　　莲藕同根连心，品德高尚，历来备受欢迎。济南淄川县万家村种莲藕的历史很久远，大约可追溯至明代万历年间。毕氏家族先祖崇尚莲出淤泥而不染的高格，立下了一个用莲藕祭祖的传统。他们在村里辟出一小块儿水塘专门种植莲花，希望后代子孙学习莲花的美好品德，将之作为立身之本。400多年来，无论村庄如何变迁，有村就有藕田的传统却从未中断。每年各地淄西毕氏后人聚集在万家村祖坟前的广场上祭拜祖先时，莲藕就会被隆重地盛在木盘里，由主祭人专门放置在供品中央。这是为了让族人记住毕氏家族的家风，做人要像莲藕一样有高洁品性，要用德行立身，并且要将这种品质传递给后人。

　　毕氏家风"立德树人"的力量，虽然无形，但它却深远地影响着后世子孙。在万家村毕氏家族的族谱中，没有明确地列出家规家训，但在历次重修族谱的序，以及人物的自传小传中，却能时刻看到祖先们对自己的约束以及对子孙的期望，并在后世慢慢地形成了没有写入族谱的家训：承前谟——不居间，不放债，不攻煤井；愿后世——学吃亏，学认错，好好读书。这26字的家训，紧紧地围绕着做人的品德

藕田

问题，被高挂在毕氏宗祠的墙上，时时警醒毕氏子孙，为人行事要立德，并且将这种品德传递给后人，积德行善，这样毕氏家族才能世代兴盛。在族谱中记录恶行恶果，也是毕氏家族"积下德行传后世"的重要方式。他们希望以此警示后人，决不能

投豆亭

蹈先祖覆辙，而应进德修业，完善人格。

　　毕氏七世祖毕木是一位品德高尚的人，他非常注重修身律己。他在自己的花园中修建了一座投豆亭，每日用来自省。亭中他放置了两个盂和两个瓶，一盂盛黑豆，一盂盛黄豆，当他有了恶念或者不小心做了坏事，他就往其中一瓶投一颗黑豆；相反，他做了好事，就往另一个瓶里投一颗黄豆。他用这种方式时刻提醒自己要"立德"在前，然后才能将这种高洁品行传递给后人。他不但严格要求自己，而且对培养子女的德行也煞费苦心，专门创建了一本"责善簿"来记录儿子们的言行。他在序言中写道："古称父为子隐，吾非老悖，欲彰子过，正欲汝曹警惕，勿匪彝耳。"过去人们对待孩子的过错会隐忍不发，不对外谈，但毕木不是那样，如果孩子有了过错，他会当面给指出来，帮助改正。他还写道："儿子们可以学业不成，走不上仕途，但只要德行端正，当父亲的就高兴。"在他的严格训诚下，八个儿子中出了两位进士，一位举人，且个个都因具有高洁的品行而受到乡邻的称赞。

在毕氏宗祠里，还悬挂着毕氏派辈，这32字的派辈中，关于家风的训导也在其中。今天，在万家村一共生活着8个辈分的村民，其中男性最大辈分为承字辈，接下来，则是"先、德、于、耜、研、经"六个字，组成"承先德，于耜研经"的训诫，立足于最基本的耕读传统，再往下就是"洁白家第"，告诫后世记住毕氏品质高洁、立德树人的家风。

在万家村，还有不少生活细节都能看出他们在努力践行毕氏"立德树人"的家风。饭桌上会有一个饭碗比其他的碗都大，这个大碗专门用来为家里老人盛饭，孩子们在给老人盛饭的时候，自然就学会了尊敬老人。毕氏家族还有一个传承了上百年的"制衣礼"，即孩子成年后赚到的第一笔钱，要为父母做一身新衣服，一来表示自己成年了，二来感谢父母的养育之恩，立志传承家族先辈的高洁德行。

（本集编导：刘定晟　摄像：袁军）

责善簿

名家品读

善——正义的信念与践行的集结

彭林

两千年来，知识精英都把"天下大治""长治久安"作为治国经邦的最高境界。但要达到这一目标，似乎至为不易。但是看过《记住乡愁》纪录的某些古村落之后发现，其实易如反掌：只是做到一个"善"字罢了。

一、善是中华"人性论"的起点

如何看待人性，人性是善是恶？是区分中西文化的重要分水岭。西方文化是宗教文化，认为人性本恶，人有"原罪"。中国文化相反，认为人是万物的灵长，人与禽兽最本质的差异是人性善良。《三字经》"人之初，性本善"六字开篇，可谓深得中国文化的要旨。

在古汉语里，善、美、义（義）三字的本义相同，都是美好的意思。《说文解字》分别解释说："善，吉也，与美同意。"又说："美，与善同意。""义，与善同意。"三字都与"羊"有关，《说文解字》说："羊，祥也。"羊代表吉祥，所以，古人常常将"吉祥"写成"吉羊"。在中国文化里，善，与恶相对。善是美好的、向上的、正向的；恶则是丑陋的、堕落的、逆向的。善恶观代表是非观。

人都希望避祸趋福，这无可厚非，但途径一定要对。殷商时代，认为祸福操于鬼神之手，所以天天厚祭，坚信有鬼神护佑，无论如何荒淫无耻，民众都奈何不得。千万意料之外，牧野之战，商纣一朝覆亡。周人由此深刻地意识到，"天道福善祸淫"，他们在《大雅·文王》里，由衷地发出了"自求多福"的感叹！

自求多福之道在行善。《国语·周语下》引用当时的谚语说："从善如登，从恶是崩。"意思是说,一生从善,如同登山,艰辛而不易,但终究是在向上;若是从恶,则易如山崩,顷刻倒塌。

中国文化以修身、做人为中心展开,无论是谁,修身都是必修课,所以《大学》说:"自天子以至于庶人,壹是皆以修身为本。"修身进德的基本命题就是行善去恶,要"从善如流"。善与不善,是此消彼长的关系。多行善,则远离不善。反之,多行不善,则与善无缘,古人深知其中机窍,故希冀人们把善作为人生进步的阶梯,步步向上。《国语·晋语》说,赵文子行举行过成人礼之后,去拜见晋国六卿之一的韩献子,希望他对自己的人生有所教导,韩献子告诫说:"记住!你成年之初就应该向善,要不断地由善进入更善的境界,如此,不善就无法靠近你。如果一开始就不能向善,并由不善走向更加不善的地步,那么,善就会与你无缘。"

大千世界形形色色,人们的言行齐万不同。如何简明、扼要地教会民众把握住人生的大原则?善恶,便是先哲所作的最为明快、透彻的表达,对于中国社会的安定和谐,起到了"压舱石"的作用。

佛教传入中原之后,与中国本土固有的善恶观念紧密结合,强调践行,以"诸恶莫作,众善奉行"为佛教的基本道理,为信众提供方便法门,天堂与地狱,存乎善、恶一念之间而已,人生当行善的观念由此流传更为广阔。

二、善与风教的形成

要使善成为一村一庄的普遍的风气,成为大众的文化信仰,离不开杰出人物的示范与引领,孔子说,"君子之德风,小人之德草,草上之风,必偃。"

江西赣县白鹭村,乾隆年间一位富人家的王姓小妾,薄衣菲食,节俭自奉,但积德行善,倾其所有为贫寒者赈粮施衣,为鳏寡孤独者治丧安葬,收留贫穷孩童读书,临终又嘱咐,将义仓中每年一千石谷子全部发放。村民无不感动,为之立祠纪念。大概连这位普通女性也始料未及的是,她的善举居然影响白鹭村三百余年。王夫人的身份只是一个妾,一个妇道人家,没有多高的社会身份,财产不算多,所行的善事并不算大,但她无私奉献全部财产。诚如鲁迅先生所说:"在生活的路上,将血一滴一滴地滴过去,以饲别人,虽自觉渐渐瘦弱,也以为快活。"王夫人有气象、有格局,实现了人生的最高价值,所以能"流芳百世"。时至今日,村民依然每年

隆重祭祀。这就是善的力量！

王夫人昭示的人生价值，社会效应昭著，成为白鹭村民众代代效法的楷模。清朝以来，白鹭村人形成了一个传统，凡科举中榜，必须修官道，以示惠民，中秀才者修一里，中举人者修三里，中进士者修五里，外加一个茶亭。清康熙年间，村人钟正瑛出资万金，修建白鹭村方圆 300 多里的茶亭、河堤、道路和桥梁。

白鹭村不过是 2000 多人的小村庄，而它的教育基金会居然每年都能收到几万元的捐赠。钟惠英的父母过早离世，与奶奶相依为命。几年前，房屋在暴雨中倒塌，邻居出力出钱，为他们盖房，连小孩都帮着搬砖。钟惠英考上大学后，村里的教育基金会为她解决学费问题，逢年过节还发给补贴。为了配合村里修路，70 多户村民主动拆掉鱼塘、牛栏，不要分文补偿，还慷慨捐款，境界之高，令人感慨万千！在赣南地区流传着"白鹭村没有饿死的叫花子，没有上不起学的孩童，更没有无棺材的老人"的说法，使白鹭村成为人人艳羡的人间福地。

浙江湖州的荻港村也是如此，村民都恪守祖训，把"善"作为安身立命之本。村里几大家族共同捐资建造 23 座古桥，32 个堂，20 里石板路，展示着他们宽阔的胸襟。村里有一座茶馆，是村里老人小憩与聊天的公共场所，已经营百年，现在是第四任掌柜潘平福当家，因几乎无利可图，惨淡经营茶馆 30 多年。茶客先是主动将茶费涨到一元一杯，又主动提出茶叶自带，潘平福只需提供开水，主客都以善心待人。村里的农民公园，由 78 位老人捐款建成，其中 12 位没有等到公园建成就已经去世。他们以自己平凡的善行，影响子孙后代，推动村风的形成。

白鹭村与荻港村的村民向世人表明，当人们高尚的价值观一旦普遍形成，便成为最可宝贵的社会财富。

三、格言：提升行善风气的指针

先秦贤哲论述哲理，每每有格言警句，文字浅近，寓意深刻，读之朗朗上口，极便记忆与流传。例如《周易·文言》说："积善之家必有余庆，积不善之家必有余殃。"此语流传千年而不衰，乃是中国大众人人耳熟能详的名言，警示天下万民。类似的古语又如"作善降之百祥，作不善降之百殃"，堪与《文言》桴鼓相应。

《论语·季氏》孔子说的"见善如不及，见不善如探汤"，也是劝善避恶的至理名言，要求人们汲汲乎行善，拒绝不善。见到善人、善事，则唯恐不及；见到不善之人、不善之事，则要像触及滚汤，赶紧抽手。刘备给刘禅遗诏说："勿以善小而不为，勿以恶小而为之"。

我们发现，在《记住乡愁》所见的古村落里，依据儒家经典创作的格言，可谓在在多有。如白鹭村钟建中家的祖宅"兰善堂"的对联："兰桂腾芳承先祖忠孝之本，善良积德启后代立身为荣。"上联是说，父母卓有成就，是继承了祖先忠孝之道；下联是说，父母一生善良、累积为德性，启迪后代以立身为荣。其中的"善良积德"，几乎成为村民的座右之铭。白鹭村还流传村民笃信"积财积物不如积善"的家规祖训，以及"钱多伤人子"的古语。反复玩味，令人由衷地佩服古人的智慧与卓识。

获港村的总管堂前的对联："善为至宝一生用之不尽，心作良田百世耕耘有余。"不以金玉为宝，而以善为至宝，一定终生用之不竭；以心为良田，子孙百世辛勤耕耘不辍；这对联为子孙指明了正确的人生价值观。此外，建造于乾隆年间的礼耕堂，将"积善长春"四个字雕刻于门墙之上，礼耕堂主人说："存善心者家里宁，为善事者子孙兴。"章氏家族有家训十条、族规十二则，核心则是"诗礼传家、积善余庆"，诗礼传家则文脉绵延，积善人家则福庆隆盛。

在某种程度上可以说，没有文化支撑的善行，很难走向持久。而在富于哲理的格言、联语指导下的善行，不仅可以上升到理论层面，而且可以跨越时空，走向持久的文化认同。这正是白鹭村等古村落得以形成优良的村风、数百年不衰的重要原因之一。

第六章 敬天畏地——志存高远

「一身轻似叶，所重全名节」。自古以来，中国人就非常注重品节、追求名望。所谓「饿死事小，失节事大」，伯夷、叔齐、屈原、司马迁、岳飞、文天祥、顾炎武、朱自清……一个个高洁伟岸的「大丈夫」，以他们的脊梁为笔书写春秋，彰显了中国人「富贵不能淫，贫贱不能移，威武不能屈」的精神。

诸葛亮的《戒子篇》，告诫子孙后代，修身养性，以学广才，志存高远。陆游的《示儿》，期待英雄儿女，厉兵秣马，克复中原，神州一统。《朱子家训》写满了朱柏庐的殷勤嘱托，传诵千古。《曾国藩家书》饱含着曾国藩的谆谆教诲，惠及乡邻。正是这些立意高远、内容丰富的「家训」，联系着祖宗血脉，滋养着儿女性灵，为子孙后代开启心智，帮助他们仗剑天涯，走向成功的康庄大道。

福建省龙岩市连城县

培田村

敬畏之心不可无

渡头余落日，墟里上孤烟。每当夜暮降临，万籁俱寂，培田村村口的雷公子树下就会有德高望重的乡贤向村中晚辈传授历史、追根溯源，这已成为培田村延续百年的传统。

培田，寓意以田地养育子孙，靠教育培养后代，暗合古代中国"耕读为本"的传统文化。800多年前，培田人的祖先为躲避战乱自北方迁居福建，落户培田。他们在村口栽下一棵高大挺直的雷公子树，希望后世做人要像雷公子树一样既挺且直。

从开基祖吴文贵伊始，风雨800年，培田吴氏始终繁荣兴旺，人才辈出。其中的奥妙，是对天地、祖先与圣贤始终存有敬畏之心。为使子孙后代能时刻铭记，先祖们将这份敬畏写入了族谱之中。

乱世藏金，盛世修谱。带着对祖先的那份敬畏与追思，2004年，族人吴有春受命开始了重修家谱的浩大工程。整整历时4年，吴有春依靠手抄，整理完成了120万字的家谱。在他和族人看来，其中最为繁复和重要的还是各种族规祖训——家训十六则、家法十条、族规十则。族谱明确写道，桑树和梓树令人想起父母故乡，而心生敬意，何况是传下我们血脉的祖宗，更值得我们景仰。

培田人常说这样一句话："敬神不如拜祖。"敬畏先祖使得培田吴氏心向一处，

雷公子树

对整个家族的凝聚力起到了至关重要的作用。培田村现保存有祠堂21座，最兴盛时平均5户就有一座祖祠。对于他们来说，祠堂就是族人的家庙和脸面。敬畏祖先，使得培田的民风数百年来一直很淳朴、敦厚。

玉不琢不成器，人不学不知义。"勉读书"成为培田村人家训中敬天、敬祖外的另一件大事。500多年前，吴氏七世祖兴建了培田第一所学堂——石头丘草堂。培田先后创办过18家书院，登科入仕者上百人。培田出才子，就连清朝大学士纪晓岚也赞叹连连，因此还诞生了培田的一道名菜——炆盆。

相传乾隆年间，纪晓岚任汀州府的主考，有一年福建全省点的15个举人，有4个出自培田，纪晓岚便带着好奇之心，想见识一番这个偏远的小山村。到培田时已是傍晚，村中便准备了一桌接风酒。酒兴阑珊时，纪晓岚想起吃红烧猪蹄下饭。但时已傍晚，偏僻山村哪里去弄这道菜呢？厨师忽然想起还剩有一块肉，就将之拿到锅里油焖水煮，炖烂后加上五香，抬上桌，满室生香。纪晓岚感觉从未吃到过如此美味的猪肉，便问这道菜的名字，厨师想到猪肉是用炆制，又用大盆上菜，随口就说炆盆。炆盆恰与文凭谐音，于是旁边的老秀才也附和说，只有像纪大学士这样有文采的人才配得上这道菜。纪晓岚听得高兴，亲手为培田题写了一块牌匾——渤水（吴姓郡望）蜚英。

依靠良好的教育，在科举年代，培田培养了无数才子，而在新的历史大潮涌起的时候，培田仍然英才辈出，因为他们能够迅速顺应时代潮流，教育方式因时而变。1905 年，清朝取消延续了 1300 年的科举制度，在外担任文化官员的吴震涛得到这个消息后，随即回乡创办了新式学堂，1906 年，便将村中的南山书院改造为培田两等小学堂。此后培田子孙便学习到了语文、算术、地理甚至英语等新式课程，眼界为之一开。从 1920 年开始，便先后有 4 位从小学堂走出的学子留学法国，吴廼青还与周恩来同窗。这 4 位培田学子比 1872 年李鸿章送出的中

国第一代留学生只晚了40多年，成为中国第四代留学生。南山书院，这个科举时代走出了上百位秀才、举人的教育机构，从此成为培田村培养新式人才的基地。良好的教育保证了培田绵延不绝的文化传承，也加深了吴氏子孙对敬畏之心的理解。

更为难能可贵的是，培田的教育不仅针对男性，甚至在100多年前就开创了女子的专门学院容膝居。今天村里仍有读过容膝居的老人健在。俗语讲，"男主外女主内"，女人的才学与素质，往往影响着一个家庭的生活。100年多来，嫁入培田村的女子大都接受过容膝居的教育，她们相夫教子，对于维系培田的和谐氛围起到了举足轻重的作用。今天的容膝居，仍然有人传授传统的技艺和做人的道理。

一道名菜传佳话，树高千尺不忘根。如今，雷公子树枝繁叶茂，吴氏子孙们延续着对天地、祖先与圣贤的敬畏之心，生生不息。

（本集编导：李然　摄像：王文超　金睿）

容膝居

浙江省金华市兰溪市
诸葛村
宁静致远

　　孔明灯一盏，引君登慧岸；兰若早开悟，八卦渡善缘。

　　月色朦胧，提笔修书，"非淡泊无以明志，非宁静无以致远"。这是诸葛亮54岁时写给儿子诸葛瞻《诫子书》中的一句，告诫其子，唯有心境平和、专心致志，才可有所作为。

　　青砖灰瓦，小巷人家。700年前诸葛亮第27代孙诸葛大狮相中高隆，因其有孔明"高卧隆中"之意，便留居于此地。他开始规划建设房屋，运用风水之术铺设其中，使得每条巷子最后都能通往村子的中心——钟池。这是一个鱼形池塘，与之对称的则是一片陆地，二者互补，组成一幅若隐若现的太极图。

　　兰溪历代流传着一句民谚，"徽州人识宝，诸葛人识草"，在人分"士农工商"四等的古代社会，医药业是诸葛村人最辉煌的成就，"天一堂"便是其中的金字招牌。诸葛村人对如何在世事沉浮中安身立命，似乎早有自己的见解。诸葛亮身为蜀汉名相，治国功高日月，后辈难以超越，而以良药济民，也可继承先祖遗风。"不为良相，便为良医"的祖训，在诸葛村人的观念中体现的是灵活和务实。据《诸葛村志》记载，诸葛村三房尚礼堂前曾有一副祖传对联：科第尚哉，必忠孝节廉，自任几端，方谓敬宗尊祖；诗书贵矣，但农工商贾，各专一业，便为孝子慈孙。在诸葛村，流传千年的"耕读传家"已悄悄改变为"耕读商兴家"。人们早已懂得无论是务农、读书还是经商、做工，不拘一格、勤奋进取才是攒下百年家业的根本。

　　700年风雨，诸葛后人在此繁衍生息，靠聪明才智、务实进取兴家立业，同时，他们也保留了一份弥足珍贵的淡然与平和。丞相祠堂是诸葛村人共有的宗祠，它背

钟池

靠小山，面对池塘和村口大路，但正门前却筑起一道围墙，只
开两侧小门。原本出入方便的祠堂，门前显得相当局促。庄严
的宗祠为何会有这种设计？原来，丞相祠堂建成后，地形前低
后高，属伏虎形宅基，正门似虎口，而正对祠堂的住户就是当
年把田地卖给诸葛大狮的王姓人家。宽厚的诸葛家族考虑到王
家的感受，也为报答王家让地之恩，于是在祠堂前筑起围墙，
挡住虎口。

　　1700 多年前，蜀汉丞相诸葛亮在三国乱世中叱咤风云。
千百年来，诸葛亮更是成为了智慧的化身，其发明的孔明锁、
孔明灯、连弩等流传至今，诸葛村里就有一位制作孔明锁的能手。
自信的诸葛文仓是诸葛亮第 51 代孙，做孔明锁已将近 20 年。
孔明锁相传是由诸葛亮根据八卦玄学原理发明的，其内部利用
榫卯结构原理，咬合十分巧妙，一般易拆难装，对诸葛村人来说，
这是老祖宗留下的一个永不过时的玩具。传统的技艺不能丢，
抱着这个念头，村民诸葛文仓埋头研究出了 64 种不同的榫卯结
构，并按照难易程度，以八卦图形为基础，将其分成 8 组，每
组 8 个。此外，他还研究出藏宝锁、结义锁、九宫八卦锁等几
十个孔明锁新品种。其中，最得意的要数 2008 年用 118 根木

条创意出的世博会"中国馆"模型。每年的农历四月十四和八月二十八分别是诸葛亮的生辰和忌辰。一年一小祭，三年一大祭。在诸葛村，饮水思源的子孙们都要举行祭祀活动，缅怀先祖。这座诸葛村人共有的宗祠，它不按惯例称"诸葛氏宗祠"，而以"丞相"命名，这其中饱含诸葛后人对祖先的崇敬与内心的自豪。

风雨百年，万物更新，村人重修古屋，在村中，访小巷之幽、望飞檐流云、看花开蝶舞、闻清风荷香，乡村生活的每一个瞬间，让人心似乎也变得安静下来。亲朋围坐、对饮小酌，依靠着天边斜阳和一池倒影，这是最能感受村中平静恬淡的时刻。

诸葛村中最年长的是诸葛亮第47代孙，最年幼的是第55代。9代同居一村，每逢祭祀，重温祖宗教诲，既是告慰先祖，也是警醒后人。《诫子书》的古训，成为无数中国人为人处世、修养自身的信条，而诸葛村人似乎更懂得淡泊不是平淡，而是一种醒悟和洒脱，保有宁静平和的内心，才能走好属于自己的路。

悠悠灯色荡起，带来了暗夜中越来越鲜活的光亮。那抹色彩中，是一种传承和发扬，是诸葛村人给予民族精神的宝贵财富，是让我们受用一生的精神食粮。

（本集编导：杨霁　侯帅　摄像：韩汀　王永生）

诸葛亮后裔在温习《诫子书》

街津口村

黑龙江省佳木斯市同江市

自尊自强

部落与图腾，故土与英雄，街津口赫哲渔村的传说，美得像梦一样让人流连忘返，地老天荒。以梦为马，回归故乡。在那与俄罗斯隔江相望的小村庄中，100多座赫哲特色的民居依山傍水而建，500多位赫哲族人，生活在这片史诗般伟大的大地上。

赫哲人与自然相依存，爬山卧雪、逐水而居的渔猎生活造就了他们自强不息、坚韧顽强的民族性格。20世纪60年代，一首描写赫哲人美好生活的《乌苏里船歌》，唱遍了中国大江南北。那行云流水的曲调，唱出了赫哲人对民族文化的自豪和对家乡生活的热爱。

赫哲特色民居

赫哲族只有语言，没有文字，800多年来，赫哲祖先的故事留在了口耳相传的"伊玛堪"里。其中，最扣人心弦的，就是"莫日根"——英雄的故事，旧梦依稀，往事迷离，经历了岁月冲刷，这些故事依然熠熠生辉，催人奋进。

每一位赫哲人都梦想着能像传说中的"莫日根"一样，骑着神鹰，飞过千万条江河、千万重山麓，把祖先的故事到处传唱。英雄的性格，也伴随着"伊玛堪"的传唱，融入到了每一位赫哲人的血液里。赫哲人用自己的坚持与努力托起了理想的家园中不灭的太阳，像英雄一样迎接神话与新生！

在赫哲人看来，英雄是遭遇野兽毫不畏惧的猎手，是在风浪中勇往直前的渔民，是出征战场凯旋的人。传说中的"满都莫日根"，就曾经骑着宝马，出征战场，奋勇杀敌，拯救了整个民族。这种英雄的经历和精神，激励着赫哲人在面临外敌入侵时，出生入死，顽强抵抗。

在这片雪域上，每个赫哲人都像王的勇士。"上山两条板穿山越岭，下江三条板漂洋过海"，赫哲人在家乡的山水之间来去自如。抗日战争期间，日军侵占赫哲人生活的大片土地，英勇的赫哲人在"莫日根"精神的激励下奋起反抗，沉重打击

出江捕鱼

鱼皮衣

了进犯的日军，女人和孩子们驾着小船给抗联运送弹药，翻山越岭传递情报，十分勇敢。为了把赫哲人赶尽杀绝，日军强行把他们集中起来分成几个部落，赶到离江边100多千米的沼泽地生活。但是赫哲人靠着顽强的意志力赢得了抗日战争的胜利，顽强地存活了下来，成为民族的"莫日根"。他们的故事如今也被编成了"伊玛堪"，名声响彻三江山林。

时代在飞速转变，如今在街津口村，从猎人、渔民转向农业生产的赫哲人有200多位，他们在这片希望的田野上收获着喜悦。街津口村这个中俄边境线上的小村庄也越来越成为海内外游客向往的地方。村里的博物馆，展示着国家级非物质文化遗产项目的鱼皮衣制作技艺和"伊玛堪"，成为吸引游客的亮点。当地渔民常说"三江有吃不尽的鱼，有穿不尽的鱼皮衣"。

与中国大多数地区不同的是，赫哲人生活的区域没有棉花，不养桑蚕，但是他们凭借着智慧和巧思，取材自然，用鱼皮做成保暖的衣服穿在身上。在赫哲族的传统中，做鱼皮衣的过程复杂而辛苦。虽然在今天赫哲人的日常生活中，鱼皮衣已经失去了实用的价值，但是作为一种民族文化，它仍然承载着赫哲人对过去的回忆。"鱼儿是个宝，吃穿向它要"，鱼皮衣是街津口村人来自祖先的智慧结晶，是穿在身上的赫哲族历史。

时代的发展让古老的传统得以恢复，按照赫哲人的习惯，熬过艰难岁月的妇女和儿童得到了最大的关怀和照顾。尤为重要的是，赫哲人对民族文化的自豪感，使得他们更加重视延续民族的血脉。如今，赫哲族的人口增长到 4600 多人，出江捕鱼依然是世代传承下来的难以改变的生活习惯。新时代的祭江仪式，仍然在萨满法师的带领下，按照传统的程序进行着。人们虔诚而恭敬，感谢天地与江神为他们带来丰美的食物。这种古老的仪式也传承着赫哲人对民族文化的自尊与自信。

夜幕低垂，劳作了一天的人们，围坐在江边，点起了篝火，烤起了赫哲族的传统美食"塔拉哈"。千百年来，在"伊玛堪"抑扬顿挫的曲调中，白山黑水间的赫哲人，延续着祖先的智慧和自强不息的精神。古老的赫哲族文化，在新的时代，正焕发出蓬勃的生机。

（本集编导：李娜　摄像：周浩　齐浩杰）

祭江仪式

甘肃省陇南市文县

哈南村

尽忠报国

　　悠悠琵琶声起，婉转千百间咏唱的是铁血丹心、忠孝仁信，循着历史迈开的足迹，哈南村人奏响的是忠肝义胆的生命传承，是铁骨铮铮的英雄事迹。

　　循着古寨城墙，依稀可见几分战火硝烟的残存声韵，抚摸断壁残垣，哈南村往昔风貌、历史沧桑尽现眼前。哈南村布局严谨，一直有"三街九巷十二楼"之称，分别代表东西横向三条街，南北竖向九条巷以及十二座鼓楼。这片乡土地处甘肃入川的交通要道上，自唐宋以来就是屯兵戍守的重要隘口，是兵家必争之地。600多年前，哈南村先祖为平叛战乱调任于此，从此落地生根、繁衍生息。如今村中居住着2000多人，有左、郭、王、宛等28个姓氏。

"尽心为忠，报效祖国"的先祖训诫，在哈南人的血脉里一直绵延至今。为了鼓励后人秉承"忠勇传家"的精神，先祖们制订了规矩，凡是为国效忠立下功劳者皆会记入族谱，让后世子孙不仅能从中感受到家族荣耀，更能以先辈为榜样为国尽忠尽责。据《哈南朱氏族谱》记载，明初时，朱氏祖先立下赫赫战功，家族中不断涌现出忠君爱国的将领，从那时起，朱氏后人便把"忠勇传家"作为家规祖训写进了族谱。在历史上，朱氏一族先后有11人为国捐躯，从军报国也就成为哈南村的传统。每当外敌入侵的时候，"母送儿，妻送郎，父子争相上战场"催人泪下的场面，就会在这个小村庄里出现。

祖先故事里的碧血丹心感染着子孙后辈，不仅朱氏一门如此，哈南村的每一个人，骨子里都渗透着祖辈的忠诚勇敢，"参军入伍，保卫祖国""鞠躬尽瘁，死而后已"被认为是最荣耀门楣的事情。解放后至今，小小的村庄里就有51人参军。"忠"是村民们最为看重的德行，更是传承了数百年的文化基因。

哈南村还流传下来许多关于"尽心为忠"的典故。清嘉庆年间，一位名叫郭京佐的哈南村人，在陕西任教育官员。为官期间，他尽心尽责，功绩卓著，受到当地官员与民众的敬佩。嘉庆皇帝为表彰他的功绩，特为生活在村中的郭京佐父母颁圣旨予以嘉奖。100年前，郭家临摹了圣旨，如今仍然能够看到这道圣旨的内容——"奉职无愆，懋著勤劳之绩"。郭京佐的功绩被传为佳话，成为哈南村传承"尽心为忠"精神的榜样。"移孝以作忠"就是郭京佐的母亲宛氏教育郭京作要把对父母的孝顺，化作对国家的忠诚，在忠孝不能两全的情况下，报效国家是第一位的。

"火要空心，人要忠心"，哈南村的这句俗语，是希望前人的忠义精神，像不熄的星火一样代代相传。村中至今还在上演的社火叫"夜春观"，村民扮演骑马的将士，身披戏装彩衣，

夜春观民俗活动

沿着全村三街九巷巡游，演绎着经久不衰的民间故事。精忠报国的岳飞，尽忠职守的包公、林则徐，都是"夜春观"里最受欢迎的故事人物。村民们热闹的表演，故事里"尽心为忠"的情怀，点亮了无数孩子的童年记忆。无论是琵琶弹唱还是"夜春观"，哈南村先祖把经典的爱国故事融入民俗活动中，延续着优良的传统，也使得数百年来生活在村庄里的人们，一直坚持着忠义正直的理念。

在哈南村，"忠"既是做人的基本信条，也是无处不在的道德约束。哈南村村规民约明确规定，严禁破坏村中的文物古迹，后山树林不可肆意砍伐，农田更加不可践踏。哈南村子孙自觉遵守规约，尽心竭力地维系着村落的发展。即使在缺乏炭火的年代，也没有随意砍伐树木的情况。村民对自然环境的保护，也获得了回馈。郁郁葱葱的树林守护着这一方山水，村里从没有发生过泥石流等自然灾害。哈南村空气清新，景色秀丽。

千百年来，哈南村人从祖辈那里传承了优秀的道德品质，为人忠厚、待人真诚，夜不闭户、路不拾遗，这些品格如同敲响的磬音，影响着一辈又一辈的人。故土的乡音，故土的乡情，是他们内心深处的根之所在，爱之所牵。

（本集编导：李婕　摄像：王晨光）

贵州省黔东南自治州从江县
岜沙村
敬天畏地

　　自然是一种姿态，而信仰是一种态度。位于贵州省东南山区的岜沙，这个神秘的苗族村落里，村民始终奉行着祖先留下的训导，世世代代敬畏祖先，敬畏自然。"信仰"是他们敬天畏地的人生态度，是他们不受外界干扰始终如一的坚持。

　　岜沙的男孩到了15岁都要经历一场成人礼，这是一次重要的人生洗礼。成人礼中有一个重要的环节，是用一把锋利的镰刀，把头上四周的头发剃光，只留下头顶部分，然后将之挽成"户棍"。户棍是苗语，"户"即头，"棍"即发髻，汉语叫"鬏鬏"。

　　岜沙男人留"户棍"源自一个传说。很久以前的一天，大雨瓢泼，一位岜沙老人从暴涨的河里救起了一只小老虎。那年冬天，救虎的老人去王家寨喝酒深夜回家，

剃户棍

因醉酒倒在了野外的雪地里。酣睡间，正好碰上被他救过的小老虎出来觅食，小老虎怕老人在雪地里冻坏，便扑在老人身上温暖他，以此报答老人的救命之恩。天亮，老虎离去，托梦给老人，"岜沙人好，请你们男人留发髻，与其他人区分开来，免得被误吃掉"。"户棍"从此成了岜沙人敬畏祖先的文化象征。

户棍和成人礼就这样伴随着古老的传说一代代保留至今。如今山上虽没有老虎了，但岜沙人认为，那是祖先传下来的誓言，砍断户棍就是砍断连接祖先灵魂的命脉，就是对祖先的不孝不忠。由于对祖先的敬畏，岜沙人为我们保留了这种迄今在中国能见到的最古老的男性发式。这种文化，深深地印刻在了岜沙人的很多节庆仪式中。每年的农历十一月十九日，是岜沙苗寨传统的芦笙节。当天，各寨组成的芦笙队，会吹着芦笙，面向东方，后退上坡去芦笙堂比赛。面向东方是为了不忘祖先祖居之地，后退上坡是为了告诉后人，苗族祖先经过数千年的艰难迁徙才到了岜沙。岜沙苗家的祭祖方式非常独特，他们没有专设的祭祖神龛，火塘就是他们的神龛。

在成人仪式上还有一项重要内容：授枪。举行过成人礼的滚水生，完成了人生旅途中身份角色的转换，成为一个真正的岜沙男子汉，可以参加村寨的各种重大事务活动，从此新的生活开始了。岜沙男人有严格的配枪规定，枪只能在岜沙范围使用，枪口不能对人，即使遇到矛盾或纠纷，也不能动枪。早年的岜沙人，枪除了用来打猎维持生计，守护村寨，还有一个很重要的用途，那就是保护村寨周边的这片树林。

岜沙人崇尚树木，信仰树神。祭拜树神时要搬一块石头到树下，树下的每块石头代表着不同的孩子。作为树神来供奉和膜拜的大树，由村里德高望重的寨老选定，岜沙人通常把有灵性的木荷树作为树神。供奉树神的是岜沙人最珍贵的食物：糯米饭、腌鱼和米酒。岜沙村民把生活的一切愿望寄予树神，生活中遇到不顺就会祈求树神保佑。作为树神膜拜的木荷树通常会有好多棵，它们散布在村寨四周，可供有需求的村民随时膜拜。作为树神的木荷树，在岜沙严禁砍伐。

除了可以供所有村民膜拜的树神，在岜沙，每一个活着的人，还要有一棵专属自己的生命树。每出生一个孩子，他们的父母就会给孩子栽下一棵生命树。人是树，树是人，岜沙人把人的生命跟树联系在一起，茂密的森林也同样护佑着岜沙人生生不息。早在苗族的创世神话中，树妈妈生了12个生命蛋，而人只是其中的一个。因此苗族人视"12"为最吉祥圆满之数。谁违反了规定，就等于打破了圆满的"12"，生命的和谐，就必须要加以补偿，而补偿通常就以12的倍数来处罚。处罚在村子的祖母石前进行。按照《岜沙村村规民约》，凡是偷盗树木者，必须受到处罚。处罚采用的是实物的方式，罚120斤米、120斤酒、120斤猪肉。岜沙人守护着脚下的一草一木，守护着先祖传承下来的生活习俗。岜沙村民们就是以这样一种独特的方式，表达着对祖先、对自然的敬畏之心。

或许是远离了喧嚣，或许是因为千百年来的顽强坚守，岜沙人为我们保留了一个无法复制的自然村寨样本。古老的装束，神秘的民族传统习俗，林木幽深的村寨环境，敬天敬地敬祖先的岜沙人，打造了一个令世人羡慕的精神家园。

（本集编导：哈敏 摄像：孔万杭 袁军）

广东省深圳市龙岗区

鹏城村

忧天下担道义

指尖触碰着清凉石壁缓缓前行，英烈墙墙面上刻着 80 多位英雄的名字，从墙体投射而来的寒气仿若坚毅的信念，让人心生敬意。闻声抬眼追寻而去，文化广场上一场特殊戏剧的演出即将开始，忠义的英雄形象活灵活现地展现眼前。一旁司马第古寨的咏诗活动也热闹开始，人们诵唱着一首首忠义之歌，震慑人心。

远处飘起悠扬的大鹏山歌，作为省级非物质文化遗产，山歌中有很多唱段体现了鹏城村人民的忠义精神。惊喜间翩然回首，流光飞转，那是 600 年前，1394 年，明朝政府为了抗击倭寇设立了"大鹏所城"。鹏城村现于眼前，三面环山，面朝大海，

英烈墙

占地约 10 万平方米，是明清两代中国东南沿海重要的军事要塞。抬手触及时已至现存的东南西三个城门及东北约 300 米古城墙基址，轻轻嗅去，仍能闻到层层弥漫的历史硝烟。

这是一座历史的城，一座忠魂的莹，"忠义"成为鹏城村民世代相传的美德与核心价值。600 年来，村里共出了 13 个将军，因此享有"将军村"的美誉。他们秉承源远流长的"忠义精神"，继往开来，为国为民舍生取义，视死如归。"天下兴亡，匹夫有责"，它是历代鹏城仁人志士的共同信仰，"精忠报国，还我河山"，更是鹏城子子孙孙推崇的优良品德。即使沧桑 600 年，人们依旧赞美鹏城，赞美着这不朽的英雄传奇。

在鹏城赖氏家族训示中还可以看到很多发人深省的语句，

鹏城街巷

"锦绣山河华夏地，不容外寇占国基"，"有权势，勿欺人"……
忠义美德就在诗词歌赋中吟唱流传，从未间歇，始终感召激励
着赖氏子孙勇往直前。正是有了这些忠义传家的精神，赖家几
代人为国家屡立战功，在东海南海叱咤风云，让倭寇闻风丧胆。
其中的一位将军赖恩爵，负责镇守包括香港在内的大片海疆，
与林则徐一起虎门销烟，指挥的九龙海战是中国近代史上反侵
略战争的第一战。最后赖恩爵取得了战争军事上的胜利。然而
清政府的无能与懦弱，最终失去了香港，赖恩爵非常痛心，抑
郁而终，临终前感叹："吾忧朝政腐败而忧，吾乐收回香港而乐"。
将军的遗愿成为赖氏家族的百年之痛。1997年中国政府恢复对
香港行使主权，6月21日各地的赖家后人回到了赖恩爵老宅，
并在大门外的影壁上修建了"还我祖愿"牌匾，书写了对联"南
京条约今雪耻，鸦片毒害永难忘"。赖家后人用这种方式怀念、
告慰这位爱国将军的在天之灵。鹏城村除了赖家一门五将以外，
还先后出现了刘、李、何等不同姓氏的将军，13位将军跨越明清，

包括现在的香港地区在内的珠江口东南部都曾经是鹏城村的海防范围，来自全国各地的守城军士在这里落地生根，繁衍生息，世代保卫海疆，鹏城村的人大都是这些将士的后代。今天，我们走在鹏城村古老的街道，还能看到保存完好的十几座将军府邸。一座座将军府邸相互为邻，又相互激励，将军的荣耀和忠义精神，使得鹏城村的年轻人奋发向上，纷纷投身到保卫祖国的壮举中。

受忠义精神感召，嫁入赖家的黄月娣毅然与丈夫一起参加了东江纵队，为了怀孕的队友何瑛能躲避日寇追捕，她机智勇敢，不管敌人怎么威逼恐吓，始终没有说出何瑛的藏身之处，还细心照料，直到孩子生下来。姐妹俩因此还建立了深厚友谊，斗转星移70多年，无论风雨，情感始终紧密相连。

虎胆英雄刘黑仔，也是鹏城村人的骄傲。他能手持双枪，百发百中，活动在家乡周边以及香港九龙、西贡和沙田一带，神出鬼没，袭击日军，多次出色地完成运送武器、护送文化界名人、抢救国际友人等任务，成了名扬港九的传奇英雄，牺牲时年仅27岁。如今村民们除了采用戏剧的方式，还通过挖掘整理其他艺术形式弘扬忠义精神。村中的司马第古宅是大鹏诗歌协会的活动场所，每当有客人来，村民们总是唱起这里流传了600多年的作为省级非物质文化遗产的大鹏山歌讲述鹏城村的忠义故事。

一曲离歌，唱尽情仇恩怨；曲终人散，几番烟雨错乱。忠良、道义已经深深地刻入了赖氏子孙和鹏城人的生活准则之中。踏入这片忠勇之地，仰面感受那曾经的血雨腥风，空气中飘荡着壮志豪情，振奋人心。看血色残阳，染红了半壁江山。村中英豪，尽显风流。

（本集编导：李金伟 摄像：王国强）

广西自治区桂林市灵川县

江头村

清白可荣身

"中通外直，不蔓不枝；香远益清，亭亭净植"。爱莲家祠中传出的琅琅书声，打破了江头村的安详宁静。这座美丽的村庄，犹如一朵优雅的睡莲，带着它不胜凉风的娇羞，在我们的心中泛起阵阵涟漪。

祠堂，是村落中一个家族最重要的祭祀场所，许多家族的祠堂都会用本族的姓氏命名，而江头村的爱莲家祠却得名于一篇文章——《爱莲说》。爱莲家祠石碑上不多的碑文，讲述了江头村周氏家族的来历。"始祖公乃周濂溪公之裔也，因宦游而卜居于灵川江头洲"。江头洲是江头村过去的名字，濂溪公就是周敦颐。根据江头村周氏家谱和《灵川县志》记载，江头村周姓始祖名叫周秀旺，是周敦颐的后代，于明朝中期从湖南道州迁居此地。

周敦颐是中国历史上著名的理学家，他的《爱莲说》千古传诵，字数不多，但哲理深刻。"予独爱莲之出淤泥而不染，濯清涟而不妖"，表达了中国文人尚"清"的思想追求。周敦颐的后裔往往以"爱莲"家族自居，世代传承这一精神。周秀旺来到江头村后，以"爱莲"宣扬"清白"家风，在邻里间赢得了好名声，也为江头村周氏家族留下了"清白可荣身"的家训。

一千年一千年的品节清高，一千年一千年的坚持守望。"家祠莲花地，江头进士村"，明清两代，江头村周氏家族出了秀才170人、举人25人、进士8人、庶吉士7人，"父子进士"、"父子翰林"更是成为当地广为流传的美谈。人才辈出，成了周氏家族兴旺的标志，"爱莲家族"的名声被广为流传。在"爱莲家祠"里，木楼上的装饰处处体现着教育周氏后辈为人做事的思想。比如开口常笑表情造型的石狮子，教育家族后辈做人要有豁达的心态；人物故事石刻教孩子向先贤学习。

在江头村口，周氏家族特别建造了一个塔，这个塔既不是用来供奉神灵，也不是用来纪念，而是专门为教育后辈学子修

爱莲家祠

建的。在江头村周氏家族看来从小端正学习的态度，长大了才能有好的品行，在教育上首先要教会他们对文字的敬重。江头村的周氏家族借用塔的形式处理写过字的纸，就是要后辈学子在学业上学会"敬重"。有了"字厨塔"，孩子们所有写过字的纸都不能随便处理，必须在专门的日子排队到"字厨塔"前焚烧以示尊重，这个传统从清代开始延续至今，是江头村周氏家族教育后辈学习古人"修身"的一项重要内容。每每想起先祖清廉的品行，江头村的村民都会激动不已。最让周家后人念念不忘的就是先祖周履谦在四川为官造福一方的事迹。周履谦是清朝乾隆时期的举人，历任知县、知州等官职。他以"贪一文断子绝孙"自律，勤政廉洁，传授灰土粪田法，解决了农田病虫害，受到当地百姓的爱戴。用先祖的治学之道奋勇向前，以先祖的德行之操自励自勉，江头村成为灵川远近闻名的"清官村"。如今江头村成为了灵川县"廉政教育基地"，许多人慕名而来。更多的江头村后代到这里寻根祭祖，以成为江头村周氏家族的一员为荣。

村上老人们常用"两袖清风，清白做人"才是最大的靠山来教育后代。村民也将"清白做人"融入到日常生活中。在小孩满月的日子，按照江头村的规矩，满月那天必须由奶奶抱着拜四方。满月仪式的关键环节就是剪发。剪下来的头发必须要用红纸包好，然后由父母拿着在村里走上一圈，最后才是整个满月仪式最重要的内容，由小孩父亲找一处竹林最茂盛的地方，将孩子的头发挂起来。在周氏家族的人看来，孩子的头发会随着竹子节节高升，这样将来孩子长大成人，也能像竹子一样谦虚挺拔。"清白可荣身"，从孩子小的时候开始培养，等到他们长大成人，无论走到哪里，周氏家训都会成为安身立命之本，让他们受益终身。而江头村的村民也更加珍视祖先立下的规矩，感念一代代传承下来的美德给江头村带来的祥和与发展。

知礼义廉耻，清白做人。江头村，以其莲花般高洁，遗世独立。

（本集编导：陈建忠　摄像：张东）

河北省石家庄市井陉县

于家村

规约立村

　　"千锤万凿出深山，烈火焚烧若等闲。粉身碎骨浑不怕，要留清白在人间。"传唱不息的一首《石灰吟》，彰显了廉吏于谦的高洁心志。《柳池禁约》《禁山林碑》《整饬村规》……昂然挺立的一块块写着规约的石碑，见证了于家村于谦后裔坚守不犯的自觉毅力。

　　于家村位于河北省井陉县境内，村民几乎全姓于，是明朝兵部尚书于谦的后代。1457年，于谦受人诬陷被害，他的家人分散逃亡，其中一个儿子在仆人掩护下，辗转来到井陉的南峪村隐居。成化末年，于谦的两个孙子离开南峪村，来到这里开荒种地，凿石建窑，家道渐渐兴旺起来，走过风雨岁月，变成了现在的于家村。

河北有句民谣说"平山不平，井陉无井"，于家村素来干旱缺水，地下水的水位都在百米之下，人们吃水全靠积蓄雨水。先祖于有道建村时，带着他的五个儿子在村外的南山上修建了一个蓄水池，旁边载上柳树，称为柳池，是全家人吃水的水源。随着人口的繁衍增多，用水逐渐吃力，于是族人刻制了《柳池禁约》一碑，为了节约用水，《柳池禁约》还规定了每家每天用水的量："吃水许一瓮、取冰许两担"。如果超量使用，就要罚 50 文钱。罚没的铜钱，充当修理水池的费用。1664 年，为了保护南山的草木能涵养水源，当时的族长于正科会同族人商议，制定了《禁山林碑》，以于家村村规的形式，禁止村民在南山上砍伐、放牧，300 多年来，村民们遵守着这项村规，没有人到这座山打柴放羊，南山也没有发生过一次山火。今天，虽然于家村已经打出了 300 米深的机井，吃水再也不靠南山上的蓄水池了，但村民们一直遵守着祖宗立下的规矩。现在这座山上草木丰盛，入秋后满山的树木一片金黄，是于家村最美的地方。

走进于家村，一座象征着于谦清白做人、遵规守法的高大楼阁——清凉阁迎面而来，它是于家村村民以阁为戒、遵规守约的最好见证。明万历九年，于有道的后人于喜春，为纪念于谦的清白人生，告诫"全体族人做人要像祖宗一样，清清白白，堂堂正正"。他决定在村口修建一座九层石阁。于喜春用了 16 年的时间，克服种种困难，用巨石修完了第二层。就在悬挂第二层石匾时，他不幸被石头砸伤，后来因伤口感染去世。村民为完成于喜春的遗愿，合全村之力建成了清凉阁。阁成之际，于家村的族长带头对阁明誓："于氏后人牢记祖先教诲，遵规守约，敬祖崇德。"

早年间，农村中祭祀神灵祖先、娶妻嫁女、生子办寿，都要找手巧的妇女蒸几桌面花，一是图个喜庆吉祥，二是展示家

族的富裕。村民尹四妮正在为于家村举办的小祭蒸面花,六桌供要蒸 36 斤面,尹四妮一个人忙不过来,还请来了她的侄媳妇吴联荣帮忙。每桌面供使用的面团要大小均匀,尹四妮都要亲自称一称,记下每桌使用的面粉重量。蒸面供的面粉是尹四妮提供的,祭祀之后由她报上斤数,村里再调拨补偿。几十年了,尹四妮每年蒸面供时都详细记账,没出过差错。用她的话说就是做人要清清白白守规矩,贪便宜的事,一两一钱也不行。

　　每年一入冬季,于家村的乡土剧团便开始排练。乡土剧团的演员都是于家村的村民,农忙时各自春播秋收,冬季闲了下来,就聚在一起排练戏文。于氏家族不仅靠村规民约的治理,也倡导文化娱乐的劝化,用戏文来劝说族人遵规守约。于家村的乡土剧团成立于清朝末年,据说当年一些不良习气也蔓延到于家村所在的太行山区,村里的一些人沾染上耍钱赌博、不劳而获的恶习。赌博不仅破坏了家庭的和睦,还败坏了于家村淳朴的村风。于是,当时的家族长召集村里的几十位长辈,在清同治年间商议制定了禁止赌博的村规《整饬村规》。村民也说不清楚于家村的戏台是否演出过赌博村民请来的戏,但是分布在村子各处的 6 座戏台,不但为村民提供了娱乐,也对戒赌起到了作用。100 多年过去了,今天于家村的村民依然遵守着这项村规。

　　漫步在于家村,你会感到整个村庄道路整洁,房屋有序,从村口的寨门庙宇到村中的戏台广场,从外围的石墙到内部的宅院摆设,无不显示出村民的严于律己、自觉守约。遵纪守法,清白做人,已然成为于家村人的一贯品格。

(本集编导:王宝成　摄像:张妍)

面花

浙江省丽水市缙云县
河阳村
清莲传家

在淡烟疏雨的浙江丽水山区，坐落着一座如画的古村——河阳村。它如同一场旧梦时光，美得脱俗灵秀，美得宁静悠扬。历经千年风雨传承，朱氏先祖血脉依旧鲜活。礼仪教化，经历了时间的沉淀，越发根深蒂固。

时光深处，朱子学院，温暖如初。它是河阳人向村里孩子讲解古村历史和家族文化的场所。事业有成的河阳人荣归故里，亦会被请到这里，与孩子和乡邻们分享创业艰辛和精神传统。

河阳朱氏，清白传家，宛如莲花，出淤泥而不染，濯清涟而不妖。河阳村现有700多户，3000多人，各式明清古建筑1500余间。繁华深处，古色飘香。天庭饱满的童子手举荷叶莲花雕饰，被看作是护佑村庄命运的吉祥符。砖瓦含情，木石传意，多少年来，河阳人坚守着祖先留下的古巷古宅，传承这份来之不易的精神资源。

家传在心，不忘本真。河阳村的村民朱河洲，一直居住在空间狭小的祖屋内，虽然生活多有不便，但他觉得，住在这里是他的一份责任。《朱子家训》开篇有言："黎明即起，洒扫庭除。"雕梁木托在朱河洲的精心擦洗下，熠熠生辉，一尘不染。河阳村民也都像朱河洲一样，在清扫中开始新的一天。这日常的简单清扫，被赋予了清白传家的深刻内涵。

河阳村北的山包上，安葬着许多朱氏先祖。从空中俯瞰一世祖朱清源的坟茔，宛若"莲花绽放"，一生清白的朱清源，至死亦不忘为后辈子孙树立起"清白立家"

朱子学院

风范。清明前后，一座座隆起的坟冢前，摆放了许多白莲，朱氏族裔祭奠祖先，他们始终牢记清白为人。

清白传家久，世代美名扬。在河阳村朱氏祠堂里，悬挂着许多旌表牌匾。河阳人引以为豪的是，自朱清源起到清朝结束，900 多年间，朱家走出去做官的 200 多人，没有一人因为贪污腐败而受朝廷责罚。与廉谐音的"莲"，俨然成了朱家人"清白传家"的符号象征。河阳人对清白廉洁、公平公正的清官戏有特殊情结，历史名剧《海瑞罢官》为他们喜闻乐见。

河阳村的"八士门"前，摆放着一对造型奇特的石兽。那是明朝开国皇帝朱元璋赠与清廉为官的朱家十九世孙朱维嘉的。朱维嘉官至明朝国子监监丞，又任太子老师，但他一生衣食简朴，女儿出嫁，仅准备了几件素衣服和一个竹条箱。告老回乡后，朱维嘉用积攒了数十年的俸禄，重修了朱氏族谱，创建了朱子学院，立下了"钱财亦聚亦能散，惟有清白传家远"的家训。

在河阳村有副广为传抄的对联："一脉真传克勤克俭，两行正事惟读惟耕。"耕读和勤俭，被河阳人看作是实现清白传家兴旺门庭的不可或缺的左右手，在象形体的"耕读家风"吹拂下，千年传家走到了今天。

缙云县有种特产叫土爽面，由于它由清水、白面和盐巴做成，所以又称"一清二白面"。河阳人也把土爽面称为清白食品，但只用这个美誉称赞河阳村的朱汝亮和楼新媛夫妇。朱汝亮的土爽面之所以被称为清白面，绝不是因为他们夫妻的制作手艺。1998年，浙江经历了一次很大的台风，受台风影响河阳村下了三天大雨，随后山洪暴发，村庄南边的小河河水暴涨。朱汝亮存储的50袋面粉进水受潮，他尝试着用这种面粉做了一次土爽面，虽然外观和平常没有任何差异，但他最终没有出售，因为要珍视祖宗传下来的名声和经商多年建立的信用。最后他与妻子商量，留下这些面粉，自己食用。他再向亲戚朋友借了2万块钱，重新进了一批合格的面粉。随后河阳村的人们经常看到，在朱汝亮土爽面的作坊里，经常蒸自家吃的馒头。朱汝亮就是这样，为了土爽面的品质，更是为了做人的清白，自己把受潮之后还能食用的面粉吃掉了。从此这个以清白为家风的河阳村，又多了一种清白土爽面。

雕梁画栋不染河阳村的清白家风，族谱家规铭刻朱家人的廉洁风矩。岁月变迁，莲心不移。老屋上的荷叶莲花雕刻承载着历史，也昭示着未来。河阳人清莲传家，莲花是他们兴旺发达的图腾。

（本集编导：孙海　摄像：李毅　袁军）

名家品读

忠义廉洁——来自敬畏之心的力量

宋颖

　　传统村落大都山环水抱，风光宜人，自然美景陶冶着人们的心灵；生活在这里的人们，也对天地怀着恭敬谦和，取法得宜，不过度发掘采挖，维系着自然与村落的和谐共生。在这样的自然环境中，天地的馈赠与祖先的神明照亮着宇宙万物。敬畏祖先，不仅是对祖先庄严的祭祀和对家族历史的缅怀，还发挥着很强的现实作用，教导人心。

　　古代中国往往重视人的"正心诚意"，由此发展出一整套礼仪来怀念祖先，表达对天地的敬意。千百年来，这种源自心底深处的敬畏，是中国传统文化的基石。礼敬上天、效法先祖，深深植根在中华民族的文化信仰之中。《孟子·尽心上》讲："仰无愧于天，俯无怍于地"，可见，人间的一切道德仁义都来自于人心。内正其心，则恭敬而无懈怠，自问无愧无疚，清净而专一，才能到达奉献与自律的最高境界。这种人格与修养，时常鼓舞着一个人去突破个人的小我，而在国家公事之中得以展现，实现忠义与廉洁。

一、正心之下的移孝作忠

　　一族之家风，一村之民风，最好先从族谱上的训诫读起。良好的生存环境只是后人繁衍生息的基础，更为重要的是，要先有一整套做人做事的规矩，这些规矩不只是口头的约定，而是成为家族的行为准则和历史故事，正式记录在族谱之中。因此，族谱，记载着血脉来源和祖训教诲，是一部沉甸甸的家族史，充满神圣的意味，传统村落中各姓家族对此都极为珍视。对于族谱的保存，更是格外看重。

在西北的甘肃哈南村，"尽心为忠"是写入族谱的祖训，凡为国效忠的功臣及所做的功绩，都要用文字记录在族谱上，让后世子孙不仅能从中感受到家族荣耀，更能以先辈为榜样为国尽忠尽责。历史上，这里的朱氏一族先后有11人为国捐躯，从军报国也就成为哈南村的传统。为国尽忠的事迹都被郑重地写进了族谱，有的还编成了曲子，在琵琶弹唱中传颂着"关键时刻生命献给国家"的忠厚肝肠。每年春节的社火"夜春观"上扮演着岳飞、包拯、林则徐的故事，让忠义的精神像不熄的星火一样代代相传。

这些经典的爱国形象融入在当地鲜活的民俗活动中，延续着优良的传统，也使得数百年来生活在村庄里的人们，一直坚持着忠义正直的理念。直到今天，受到家规祖训影响的现代人，仍然把参军报国看成是最为光荣的事。哈南村的每一个人，骨子里都渗透着祖辈的忠诚勇敢。新中国成立以来，小小的村庄里就有51人参军。新疆、西藏、云南，在边防线、边检站，都活跃着哈南人的身影。

东北边境上黑龙江街津口村，英雄祖先出生入死、勇往直前的神奇画面装点着如童话般美好的小村庄。800多年来，由于赫哲族只有语言，没有文字，祖先的故事留在了口耳相传的"伊玛堪"里，说唱着赫哲人的创世传说、祖先教诲、生存本领。英雄祖先的性格，借助传唱，融入了每一位赫哲人的血液里。抗日战争时期，他们之中出色的猎手成为了顽强抵抗的狙击手，女人和儿童则驾着小船娴熟地送情报，将生死置之度外。即使是面临困境，人口从1700骤减至300，赫哲人还是依靠着坚韧不拔的意志力在沼泽地存活下来了。

在广东鹏城村这座明清两代东南沿海的军事要塞里，600多年来，口耳相传的悠扬山歌传递着忠义的力量，充满壮志豪情。这里曾出过13位将军，人们秉承着祖先教诲的"忠义传家"的精神，在虎门销烟、九龙海战中就有赖姓将军。历史上，赖姓一门五将为国家屡立战功，鹏城村人世代保卫着海疆，他们的英雄事迹至今为人赞颂。

"天下兴亡，匹夫有责"。曾经的浴血奋战中，人们为国为民舍生取义。现在的和平年代，每个人的天性里都有适合的职分，只要能够忠于本心，听从内心的召唤，将才华和禀赋发挥出来，在工作岗位上尽心尽责，忠于职守，做好自己的事，就是

现代人的忠。

二、诚意外化的清白传家

行动，的确是源自内心的实践。明代大儒王阳明极为推崇发自于内心的"良知"，认为在实际生活中"致良知"是知行合一的最高实现。所以，要看人心，必看行动。一个人的言行举止，尤其是在独自一人时的所作所为，往往清晰地反映出人心的本质。"一文虽微，能污清白人格；万金价昂，难收公道人心"，只有心静如水，才能做到清白传家。在不少传统村落中，清白做人的行为规范也被明确地写在族谱家训中。

古老而简朴的乡村生活颐养出清净平和的心性。在广西江头村的爱莲家祠中，周敦颐的后人们，以爱莲宣扬清白家风，以"贪一文断子绝孙"自律言行、勤政廉洁，先祖的《爱莲说》造就了一个"清官村"，清白容身的家风香飘久远。这里的孩子从满月剪发之时，由父亲找一处竹林中最茂盛的地方，将头发挂在上面随着竹子节节长高，祈愿孩子谦虚挺拔。这样的习俗从细节上，就融合了清白做人的家风祖训，成为耳濡目染的教诲，成为安身立命之本，以后长大无论他们走到哪里，都必须在言行守住祖先立下的规矩，受益终身。

无独有偶，在河北的于家村，廉吏于谦的《石灰吟》传唱着清白立身的坚韧毅力，上百年来村民们吃水蒸面、唱戏戒赌都有清楚的约束，严于律己、堂正磊落、知行合一。在浙江的河阳村，清晨早起洒扫庭院的日常生活也被赋予了清白传家的内涵，村民们遵守着《朱子家训》，克勤克俭，惟读惟耕，清廉奉公。在贵州的芭沙村，有公正的祖母石和神圣的生命树。村民们对自然万物怀着爱护的心，于点滴生活言行中物尽其用，尽心尽力地维护着先祖留下来的土地、房产、物品、规矩等不受破坏，有利于生态与人文的共同发展。

有的村落重修上百万字的族谱，族谱中对于兄弟、男女、夫妻之间的行为都有规范，对于个人的言行也有严格的约定。这一方面，让后代能够铭记祖先的功德，知道祖先在上，从血缘关系的传承序列中找到自己的位置，知道自己的渊源流脉，产生归属感；另一方面，要让子孙们时刻怀着谦虚、向善、恭敬的心，来对待周围现实的人际关系，协调邻里来往，营造有秩序的村落生活。指向心灵的熏陶和教化，不仅是祖先们的道德法则，也是现代人的价值追求，彰显出世代传承的生活智慧与精神力量。

象征着清白做人的莲花、竹节等雕饰，伴随着历经风雨的老屋，承载了人们无数的回忆和无限的温情。对祖先的敬畏，使得世代居住在这里的人们心向一处。小巷飞檐，看云听雨，赏月观花，品茗闲坐，静谧中听得见内心的声音，淡然中保有着平静的详和。

三、格物致知的人才培养

忠心报国、清白做人的优良家风之所以传承了千百年而绵延不绝，正是因为重视对子孙后代的教育和人才培养。古语讲，"玉不琢不成器，人不学不知义"。人的心性品行，要通过后天的引导和培养，才能逐渐显现生长。富有卓见、志向高远的家族和村落，在族谱家训中往往都写有鼓励向学的话语，重视对老师的拣选和尊重，教导子孙从小要敬惜字纸、发奋苦读。重教兴学是培育人才、发展地方、走向兴旺的必由之路。

在福建培田村，诗礼传家的教育，令人印象深刻。南山书院曾经是培田村出名的私塾，走出过上百位秀才、举人。100多年前跟随时代的变化，改造成新式学堂，培养出早年赴法的留学生。培田人还特意建造了"容膝居"，连嫁进来的女子都有学习针线技艺和做人规矩的地方。浙江诸葛村的祠堂，因感念诸葛亮的智谋而以"丞相"命名，全村以钟池与村落呼应而成太极模样，9代同居一村。河北于家村建成的清凉阁，教育子孙要遵规守纪、敬祖崇德。教育已经渗透在衣食住行、生活起居的方方面面。

很多村落中的书院和学堂历史久远，但是这里的教育不刻板、不教条，而是随着时代的发展，能够感受和响应时代的要求，培养出符合社会需求的人才，这些人才走在时代的前沿，为社会做出了更大的贡献，也是地方上的荣耀。在这样的教学过程中，子孙们延续着对天地、祖先与圣贤的敬畏之心。这种敬畏，是顺应天地的安然，是正心诚意的言行；这种敬畏，是好学善教的传统，是澄澈明净的心性。最高的道德即源自这样的人心。

一个个村落仿佛是渺小的孤岛，它是漂浮在地理上的孤岛，也是漂浮在现代化和城镇化浪潮中的孤岛。但是从《记住乡愁》这部纪录片中，我们可以看到，在这

些小孤岛的下面，依靠着中华传统美德的文化纽带紧密地连接在一起。古老村落是充满生命的有机体，从过去走到了现在。这些一以贯之的文化基因，源远流长，与现代文明的崭新连接，使得古老的村落在新的时代仍有可能焕发出蓬勃的生机。

图书在版编目（ＣＩＰ）数据

记住乡愁·第一季 / 中国中央电视台编. -- 南昌 :江西美术出版社，2015.6（2015.9重印）

ISBN 978-7-5480-3513-8

Ⅰ. ①记… Ⅱ. ①中… Ⅲ. ①中华文化—研究 Ⅳ.①K203

中国版本图书馆CIP数据核字(2015)第094068号

责任编辑：方　姝　陈漫兮
责任印制：吴文龙
封面设计：梅家强
版式设计：郭　阳　林思同+先锋设计
文字撰写：何世剑　喻　琴

记住乡愁·第一季
JIZHU XIANGCHOU·DIYIJI

编者：中国中央电视台
出版：江西美术出版社
社址：南昌市子安路66号
邮编：330025
电话：0791-86566124
发行：全国新华书店
印刷：浙江海虹彩色印务有限公司
版次：2015年6月第1版
印次：2015年9月第2次印刷
开本：710×1000　1/16
印张：18
书号：978-7-5480-3513-8
定价：48.00元